U0111801

大展好書　好書大展
品嘗好書　冠群可期

大展好書　好書大展

品嘗好書·　冠群可期

散打功夫3

散打高級技法精要

附DVD

武兵 武冬 王宏強 著◎

大展出版社有限公司

國家圖書館出版品預行編目資料

散打高級技法精要 ╱ 武兵　武冬　王宏強　著
　　——初版，——臺北市，大展，2015〔民104 . 08〕
　　面；21公分 ——（散打功夫；3）
　　ISBN　978－986－346－079－4（平裝附數位影音光碟）

1.拳術　2.中國
528 .972　　　　　　　　　　　　　　　　104010015

散打高級技法精要 附 DVD

著　　者╱武　兵　武　冬　王宏強
責任編輯╱岑　紅　宇
發 行 人╱蔡　森　明
出 版 者╱大展出版社有限公司
社　　址╱台北市北投區（石牌）致遠一路2段12巷1號
電　　話╱（02）28236031・28236033・28233123
傳　　眞╱（02）28272069
郵政劃撥╱01669551
網　　址╱www.dah-jaan.com.tw
E - mail╱service@dah-jaan.com.tw
登 記 證╱局版臺業字第2171號
承 印 者╱傳興印刷有限公司
裝　　訂╱承安裝訂有限公司
排 版 者╱弘益電腦排版有限公司
授 權 者╱安徽科學技術出版社
初版1刷╱2015年（民104年）8月

定價╱330元

作者簡介

武兵 北京體育大學畢業，高級教練，國家級裁判，中國武術段位7段，兩翼拳第5代傳人。歷任山西省大同市武術培訓中心總教練，大同市體育運動學校武術套路、散打總教練，大同市武兵武術學校校長兼總教練，北京體育大學成教部散打主教練，北京航空航天大學北海學院武術教授等職。現爲北京武兵武術學堂主講。

出生於武術世家，經武術界多位名家指導，勤修靜悟，分別在國內、國際各類大賽中榮獲武術套路、武術散打冠軍24個。出版武學專著14本，發表武學論文300餘篇，並多次榮獲論文大獎。

武冬 北京體育大學武術教授、博士，國家級裁判，中國武術段位7段。

六歲起隨父習武至今，研修太極拳、形意拳、翻子拳、劈掛、通備、戳腳、八卦、八極等拳種，得到多位老師悉心傳授，勤修精練不輟。

在北京體育大學承擔了武術專項訓練、武術理論基礎和中國武術史等近10門課程的教學，橫跨本科和研究生課程。多年連續赴美國、義大利、希臘、澳洲、日本、法國、加拿大等國講學，從學者上萬人次。編撰著作、教材15本，約220萬字，出版51盤武術教學片。

前　言

　　當下武術散打發展蓬勃向上、欣欣向榮，學習散打的人數與日俱增。特別是國內的散打爭霸賽和國際的散打挑戰賽，更是億萬觀衆熱議的話題。

　　武術散打爲國之瑰寶，搏擊奇葩，向來爲世人所敬仰。散打是中國武術的一種實戰對搏功夫，同時也是一種行之有效的防身、健身、塑身運動方式。隨著「世界武術散打錦標賽」「世界盃武術散打比賽」「2008北京奧運武術散打比賽」以及「2009年首屆中國武術散打職業聯賽」等一系列賽事的舉辦，中國功夫散打運動必將源於中國，屬於世界。

　　筆者講習武術數十載，所寫內容皆爲散打之精華，既有多年來對散打技術體系精招妙法的整合與析解，又有尚未開發的優秀武技之展示與應用，同時也是筆者數十年武學體悟與教學經驗之結晶。

　　「散打功夫系列」包括《散打基礎技法精要》《散打實用技法精要》《散打高級技法精要》三本書：

　　《散打基礎技法精要》力推散打之拳、腿的基礎技法，拳打具有先天的靈活性，腿踢具有長度、硬度、力度的攻擊性，都是威力無比的技法，是通往散打最高境界的基石。俗話說「高樓尚需根基牢」「紮穩馬步好打拳」，因此，學練時必須在拳、腿技上多下功夫。

《散打實用技法精要》著重介紹散打技術體系的摔、拿技法，既是練而能用的實用招法，也是散打技法的中堅利器。學練時雖存在一定難度，要求練習者周身協調，勁力通暢，但在制勝效果上往往更勝一籌。在摔、拿得手時，可以起到易判定、易得分、易制勝的奇效。

　　《散打高級技法精要》揭示了散打高級連招技法，是競技獲勝的秘技，突出了「多點打擊」「連招絕殺」「技功雙顯」等特點，運用時絲毫不給對手喘息的防守機會，是比賽制勝的法寶。修煉此技，需要練習者有較高的身體素質，用技時方能遊刃有餘。

　　本套叢書面向廣大讀者，力求做到雅俗共賞、圖文並茂，突出直觀性和實用性，激發練習者的學練興趣；以理論和實踐相結合，運動和健康相結合，知識和技能相結合，並將一些鮮爲人知的練功妙法和盤托出，相信會滿足國內外散打愛好者和各大體育院校的老師、學生及數以萬計的武館、武校、武術健身俱樂部的教練和學生的需求，也會得到武警、特警官兵及晉考散打裁判人員等不同層次散打學練者的喜愛。

　　本套叢書附贈教學光盤，達到「一靜一動」的學習效果，直面散打精華，使讀者學有所獲、學以致用。

　　書稿得以順利完成，要特別感謝武道前輩王天增、武萬富、白枝梅，武友于三虎、李建明、李雁軍、蔚飛、王志劍以及北京體育大學學生張開元、武喆或等人鼎力相助。雖傾心而書，受功力所限，書中不免存有瑕疵，誠盼廣大讀者不吝賜教，大謝！

武　兵

目 錄

目
錄

散打高級技法精要

散打基本技法

第一節　肘　技

肘技是指肘擊的方法，為近戰時重磅殺傷性技法，具有出肘快速、靈活多變、力道雄厚、堅硬無比、刁鑽毒辣、重傷致殘等特點，因其殺傷性巨大，故被現行散打規則限定為禁用技法。但從長遠的發展角度來看，肘法應該是散打選手必修、必精的技法。

一、肘法種類

1.頂　肘

練習者以實戰姿勢站立，右腳向體前上步，身體左轉，右手臂屈肘向體前直線頂擊，高與肩位，肘尖向前，同時左手回護頭左側，目視前方。左右肘互換練習。（圖1、2）

【要點與提示】上步、頂肘齊動一致，蹬地轉腰，送肩發力，力達肘尖，意念兇狠，呼氣發招，勁力快脆。頂

圖1　　　　　　　　　　　　　　圖2

肘時回折小臂，活腕鬆肩，以使
力貫肘尖。

2. 盤　肘

　　練習者以實戰姿勢站立，右
腳向前上步，身體右轉，同時左
手臂由後向前橫向盤擊，肘尖向
前，高與肩位，且右手回護頭右
側，目視前方。（圖3）

　　【要點與提示】盤肘、上步配

圖3

合協調一致，蹬地轉腰，合胯送
肩發力，力達肘尖，意念兇狠，呼氣發招，勁力快脆。盤
肘時要注意力由腳起，傳於腰胯，達於肘尖，且左腳跟要
蹬離地面，以便於發力。左右肘互換練習。

3. 砸　肘

練習者以實戰姿勢站立，左腳向前上步，身體稍前俯，同時右手臂屈肘由上向下砸擊，肘尖向下，且左手回護頭左側，目視下方。（圖4）

圖4

【要點與提示】砸肘、上步相合一體，蹬地轉腰，沉胯墜肘發力，力達肘尖，意念砸肘時身體要有一個提升展腹的動作，下砸肘時沉身扣趾，突出整勁。左右肘互換練習。

4. 劈　肘

練習者以實戰姿勢站立，左右腳向前滑步，上體左轉，同時右手臂屈肘回疊，由上向下至前劈擊，肘尖向前，右拳貼於胸部，左手回護頭左側，目視前方。左右肘互換練習。（圖5、6）

圖5

圖6

圖7　　　　　　　　　　　　　圖8

【要點與提示】滑步、劈肘協調一致，蹬地轉腰，沉身送肩發力，力達右肘，意念兇狠，呼氣發招，勁力快脆。劈肘時的運行軌跡成斜下直線。

5. 挑　肘

練習者以實戰姿勢站立，左腳向前上步，同時左手臂屈肘由下向上至頭前方挑擊，且右手臂屈肘回護體前，目視肘方。左右肘互換練習。（圖7、8）

【要點與提示】移步、挑肘相合一體，蹬地轉腰發力，力達肘尖，意念兇狠，呼氣發招，勁力快脆。挑肘時一定要緊貼頭側而起，手腕須放鬆。

6. 掃　肘

練習者以實戰姿勢站立，右腳向左腳後快速插步，同時上體右轉，雙腳蹬撐地面，右手臂屈肘水平向右掃擊至體前，且左手臂回護頭左側，目視肘方。左右肘互換練習

圖9　　　　　　　　　　圖10

（圖9、10）

【要點與提示】移步連貫、快速，蹬地轉腰，撐腳發力，力達肘尖，意念兇狠，呼氣發招，勁力快脆。插步時必須緊貼對手，掃肘才能發揮出威力。

二、用肘要點

（1）用肘時必須鬆肩活腕，疊臂屈肘，且雙手不可僵硬緊握，以免影響肘力的發揮。

（2）肘之力是由雙腳蹬起，傳於腰背，達於肘尖的，練習者應明知。

（3）一肘出擊時，另一手要加強自身要害的防守，做到攻守兼備。

（4）貼身近戰用肘時，步法移動極為關鍵，所以要求步法與肘法要協調一致。

（5）出肘時要果斷、膽大，切不可遲疑徘徊，貽誤戰機。

（6）肘法擊打部位應選要害之處，如面頰、眉角、頭頸、鼻梁、下頜、心窩、肋骨、胸背等，如此可以擊倒、致傷或致殘對手。

（7）要使肘法精純致用，必須經過練招、對招、拆招及用招等不同的步驟來學習應用，其中功力求索與實戰招法磨合，二者缺一不可。

第二節　膝　技

膝技是指膝撞的方法，在散打技法體系中是不可或缺的重要技法，常被武術行家稱為「殺手鐧」。實戰中，膝法可攻可守，可遠可近，因其力量大、速度快、線路短以及隱蔽性好和命中率高而獨霸武壇，同時也是眾多散打優秀選手精修和青睞的技法。

一、膝技種類

1. 衝　膝

練習者以實戰姿勢站立，右腳向前墊步，上體稍後仰，左腿屈膝上提向體前衝膝，同時左、右手屈肘回拉至體前，目視前方。（圖1）

【要點與提示】墊步快速，衝膝準確，蹬地轉腰，仰身送胯發力，力達膝部，意念兇

圖1

散打高級技法精要

圖2　　　　　　　　　　圖3

狠，呼氣發招，勁力快脆。衝膝時要直線向體前射出，恰如子彈出膛一樣。左右膝互換練習。

2. 頂　膝

練習者以實戰姿勢站立，身體突然左轉，右腿屈膝上提向體前上方頂膝，同時左、右手臂屈肘回拉至體前，且左腳跟蹬離地面，目視前方。左右膝互換練習。（圖2、3）

【要點與提示】轉腰、頂膝連貫一致，上體垂立，雙手臂回拉與右頂膝形成合力，意念兇狠，呼氣發招，勁力快脆。頂膝時膝部要垂直向上，高過腰位。

3. 擺　膝

練習者以實戰姿勢站立，身體重心移至右腿，左腿屈膝上提，由外向內橫向擺膝至體前，同時雙手臂屈肘隨擺

圖4　　　　　　　　　　　　圖5

於體側，目視前方。左右膝互換練習。（圖4、5）

【要點與提示】擺膝快速準確，含身鬆胯，轉腰發力，力達膝內側，意念兇狠，呼氣發招，勁力快脆。擺膝時整腿橫向發力，且與雙手側擺要形成合力。

4. 掃　膝

練習者以實戰姿勢站立，身體重心移至左腿，上體側倒左轉身，同時右腿屈膝平抬至水平，由後向體前掃膝，且雙手臂屈肘隨擺於體側，目視側方。左右膝互換練習。（圖6、7）

【要點與提示】傾身掃膝連貫快猛，撐腳轉腰擺臂掃膝，協調一致，力達膝部，意念兇狠，呼氣發招，勁力快脆。掃膝時雙手應有與膝攻相反方向的拉力，並且右小腿要折疊。

图6 图7

图8 图9

5. 撞 膝

練習者以實戰姿勢站立，身體重心移至左腿，右腿屈膝上提，由下向斜上方撞膝至體前，同時雙手臂回擺下拉於體右側，目視前方。左右膝互換練習。（圖8、9）

【要點與提示】撞膝快速準確，蹬地轉腰發力，力達膝部，支撐腳扣趾抓地，意念兇狠，呼氣發招，勁力快脆。右撞膝時要與雙臂側拉形成合力。

圖10

圖11

圖12

圖13

6. 飛　膝

　　飛膝是上述各膝法的凌空運用。飛膝在氣勢和打擊力度上，以及身型矮小者在地面對技時不易攻擊對手上盤等方面，都能顯示出獨特的功效。飛膝在實戰應用時，要捕捉恰當的時機，出招兇猛，騰身敏捷，攻擊要害，並要及時還原回實戰姿勢，使飛膝在實戰中所向披靡，無往不勝。（圖10～13）

二、用膝要點

（1）膝法優劣的對比，從一定程度上講，也是胯關節柔活順暢的對比，因膝技之力必依胯而發，所以練習者加強壓胯、擺胯、揉胯等練習內容非常重要。

（2）發膝時，腳尖的勾與繃，以及膝窩夾角的大小都是有講究的，因膝法的不同而不同。如發衝膝時，腳尖要繃展，且膝窩夾角要小，如此以求得速度的快捷；又如斜撞膝，則要腳尖上勾，同時膝窩夾角稍大，如此是為了膝攻力度的增大。一般膝窩的夾角都不宜超過45度。

（3）膝技應用時，要注意自身腰胯的配合，從而產生合力，以此來增加膝技的殺傷力，同時要利用自己的雙手來控制對手的頭頸等部位，使其無法脫離我膝技攻擊的有效距離。

（4）膝招進攻對手落空後，要有防守和變招續攻的意識和能力，特別是在應用飛膝技法時，更須把握好時機和距離，以免擊空後被對手反擊。

（5）實戰時若能將膝技與拳、腿、肘、摔諸技連動共發，則會所向披靡，無堅不摧。

（6）發膝進攻對手，一定要保護好自身的平衡，身體不可俯仰過度，傾斜失衡，且雙手與膝技形成不同的穩定狀態，如「相合」「反掙」「順走」。

（7）要使膝法精純致用，必須經過練招、對招、拆招及用招等不同步驟來學習應用，其中功力求索與實戰招法磨合，二者缺一不可。

第三節 步 技

步技又稱步法，拳語有「手到步不到，制人不為妙」「教拳不教步，教拳贏師傅」「步不快，拳則慢；步不穩，拳則亂」「手打三分，腳踢七，勝人全憑腳下疾」「練拳容易走步難」「以步擊人，以步催力」「步動招隨，招起步進」等，足見步法在散打技術中的實效性和重要性。

步法為散打技術中重要的內容，是指施技者在實戰中，利用左、右腳進行移動的方法，其目的是貼近對手發招，進行攻擊，或分離對手，破化其進攻。此外，透過步法還可以求得周身勁力的合整，達到出招疾速的目的。

在步法移動中，有單腳移動、雙腳移動之分；還有同類步法、異類步法和混合步法的區別。

一、步法種類

1.上 步

練習者以左實戰姿勢站立，右腳向體前上右步，同時身體隨動左轉，左、右手臂變換成右實戰姿勢，目視前方。（圖1、2）

【要點與提示】蹬地移步快捷準確，轉身變架連貫一致，上步時注意要腳跟先落地，然後過渡到全腳底，且上步成一條直線。左上步與右上步方法相同，唯左、右腳不同。

圖1　　　　　　　　　　　　　　圖2

圖3　　　　　　　　　　　　　　圖4

2. 退　步

練習者以左實戰姿勢站立，左腳向體後退一步，同時身體隨動左轉，左、右手臂變換成右實戰姿勢，目視前方。（圖3、4）

【要點與提示】蹬地移步快捷準確，轉身變架連貫一致，退步時成一條直線，且由腳掌先觸地，然後過渡到全

<table>
<tr><td>圖5</td><td>圖6</td><td>圖7</td></tr>
</table>

圖5　　　　　　　圖6　　　　　　　圖7

腳底。右退步與左退步方法相同，唯左、右腳不同。

3. 滑 步

　　練習者以左實戰姿勢站立，右腳（後腳）蹬地，左腳向體前滑動而出一小步，同時右腳隨之跟進一小步，上體實戰姿勢不變，目視前方。（圖5～7）

　　【要點與提示】雙腳掌貼地滑動，左、右腳協調一致，移位同距，身體平穩，雙腳富有彈性，滑步包括前滑步、後滑步、左滑步和右滑步等。要特別注意的是，後滑步時前支撐腿先蹬地；左滑步時右支撐腿先蹬地；右滑步時左支撐腿先蹬地；蹬地後推動另一隻腳先移步，隨之蹬地腳跟進。各種滑步內容相同，唯方向不同。

4. 閃 步

　　練習者以左實戰姿勢站立，左腳向體左側橫跨一步，

圖8　　　　　　　　　　　　圖9

同時身體隨動左轉，且頭部及上體連動，向左閃躲，目視前方。（圖8、9）

【要點與提示】側移步快速，頭部、上體閃躲一致，提腳移步，整腳平落地，扣趾抓地，含胸俯身，屈膝沉胯。右閃步與左閃步方法相同，唯方向相反。

5. 墊　步

練習者以左實戰姿勢站立，右腳向左腳墊踏下落步，同時左腿上提向體前上一步，身體實戰姿勢不變，目視前方。（圖10～13）

【要點與提示】左右腳移動時，身體平穩，快速連貫，上體不可有起伏，移步成直線，墊步分前墊步、後墊步、左墊步和右墊步。各種墊步方法相同，唯方向相反。

圖10

圖11　　　　　　圖12　　　　　　圖13

圖14　　　　　　圖15　　　　　　圖16

6. 跳　步

　　練習者以左實戰姿勢站立，以左、右腳前腳掌觸地，同時雙腳向前跳步前移，上體自然，雙手臂隨動，目視前方。（圖14～16）

圖17　　　　　　　　　圖18

【要點與提示】跳步時雙腳微離地面即可，移進步幅適中，以身體不失去平衡為準，鬆胯、屈膝、活踝發力。跳步分前跳步、後跳步、左跳步、右跳步、上跳步和下跳步。其他跳步與前跳步內容相同，唯方向不同。特別要注意的是下跳步，它是指練習者左右腳分開跳動，身體重心下降的跳步。

7. 蓋　步

練習者以左實戰姿勢站立，右腳經左腳前蓋踏上步，左腳尖外展，同時身體隨動右轉，左、右腳成交叉狀，左腳跟蹬離地面，上體姿勢不變，目視側前方。（圖17、18）

【要點與提示】蓋步快速，沉身屈膝，轉身合胯，身體隨重心前移。左蓋步與右蓋步方法相同，唯左右腳不同。

圖19

圖20

8. 插　步

　　練習者以左實戰姿勢站立，右腳經左腳後方插落步，前腳掌著地，後腳跟提離地面，左、右腿成交叉狀，同時身體隨動右轉，上體姿勢不變，目視側前方。（圖19、20）

　　【要點與提示】插步快速，轉腰屈膝，身體重心隨插步後移。左插步與右插步方法相同，唯左、右腳不同。

9. 跳換步

　　練習者以左實戰姿勢站立，左、右腳蹬地跳起互換站位，同時身體隨動左轉，雙手臂變換成右實戰姿勢，目視前方。（圖21、22）

　　【要點與提示】左、右腳蹬地跳換步協調一致，雙腳微離地面即可，蹬地轉腰，調肩變架快速。左、右跳換步方法相同，唯左、右腳前後不同。

圖21   圖22

圖23   圖24   圖25

10. 點　步

練習者以左實戰姿勢站立，左腳可以向前或向後以及原地等不同位置進行點步練習，同時上體實戰姿勢不變，目視前方。（圖23～25）

圖26　　　　　　圖27　　　　　　圖28

【要點與提示】點步以腳掌觸地，快速準確，前點步時出腳稍向前方即可；原地點步只是在原來的站位上上下提點；後點步應將點地腳回收在支撐腳內側。點腳要有彈性，身體平穩。此步較為特殊，實戰性強，練習者不可忽視。右點步與左點步方法相同，唯方向相反。

11. 擊　步

練習者以左實戰姿勢站立，右腳蹬地向前碰擊左腳腳後跟，同時雙腳騰離地面，隨之左、右腳依次在體前落步，上體實戰姿勢不變，目視前方。（圖26～28）

【要點與提示】左、右腳碰擊有力、準確，身體移動平穩，雙腳自然伸直。擊步有前擊步和後擊步兩種，後擊步時，前腳向後腳碰擊，唯此不同，其他與前擊步相同。

12. 躍　步

練習者以左實戰姿勢站立，右腳蹬地向左腳前方跨越一步，同時身體騰空，雙手回護體前，隨之左腳向前落步，目視前方。（圖29）

【要點與提示】蹬地跨躍輕靈、連貫，身體騰空不可太高，躍步時需遠勿高。右躍步與左躍步方法相同，唯左右腳不同。

圖29

13. 轉身步

練習者以左實戰姿勢站立，左右腳蹬地，原地右轉180度，同時上體隨動右轉，雙手臂屈肘回護體前，目轉視左方。（圖30、31）

圖30

圖31

圖32　　　　　　圖33　　　　　　　圖34

【要點與提示】左、右腳移動協調一致，蹬地轉腰，擰腳發力，後腳跟蹬離地面。左轉身步與右轉身步方法相同，唯方向不同。

14. 環繞步

練習者以左實戰姿勢站立，左、右腳依次向體左方側跨移步，同時身體隨動右轉，上體實戰姿勢不變，目視前方。（圖32～36）

【要點與提示】左、右腳移動協調一致，移步軌跡成環形，周身舒鬆平穩。右環繞步與左環繞步方法相同，唯方向不同。

15. 扣擺步

練習者以左實戰姿勢站立，身體右轉180度，同時左腳裏扣腳尖，向右腳外側上步，接著身體繼續右轉180

圖35　　　　　　圖36　　　　　　圖37

圖38　　　　　　圖39　　　　　　圖40

度，右腳尖外展向體前落步，雙手臂自然回抱體前，目視前方。（圖37～40）

　　【要點與提示】扣擺步由扣步和擺步組合而成，其運行軌跡成圓形。內扣與外擺腳明顯連貫，身體平穩，蹬地

圖41　　　　　　圖42　　　　　　圖43

轉腰，屈膝撐腳發力。右扣擺
步與左扣擺步方法相同，唯方
向不同。

16.跳轉步

　　練習者以左實戰姿勢站立，
身體右轉180度，同時左腳向右
腳前方跳落步，隨之上體繼續
右轉身180度，且右腳向體後提
起落步，成左實戰姿勢，目視
前方。（圖41～44）

圖44

　　【要點與提示】跳步敏捷，轉身快速連貫，雙手臂自
然擺動，蹬地撐腰，轉肩甩頭髮力。右跳轉步與左跳轉步
方法相同，唯方向不同。

圖45　　　　　　圖46　　　　　　圖47

17. 圈　步

　　練習者以左實戰姿勢站立，以左腳為圓心，在原地擰轉，右腳按順時或逆時成圓圈形側移步，同時上體隨動，雙手臂屈肘回護體前，目視前方。（圖45～48）

　　【要點與提示】左腳擰轉靈活，右腳移步連貫，周身配合協調一致。右圈步與左圈步方法相同，唯方向相反。

圖48

二、步法練習方法

1. 單人練習法

　　練習者可以將散打中的一種步法選出來練習，也可以將多種步法組合起來練習，以達到熟悉動作、掌握要領的

目的。練習者還可以雙腿綁縛沙綁腿或踝部繫皮筋進行練習，或走磚、照鏡子以及在地上畫標線等進行練習。

2. 口令練習法

練習者可以透過教練或同伴的手勢進行步法練習，比如教練喊前、後、上、下、左、右、停止、轉身等不同的口令，練習者可根據預先設定的口令和與之相對應的步法進行練習；也可根據同伴預定的手勢如拳、掌、勾、指、爪和與之相對應的步法進行練習。此種練習方法主要培養練習者的反應能力和步法移動能力。

3. 雙人對步練習法

雙人面對面，以實戰姿勢站立，然後以甲方為準，根據其步法移動的方向，乙方與甲方同步對位練習，即甲上步，乙也上步，甲退步，乙也退步；還可根據甲方的移動方向進行異位對步練習，即甲做左閃步，乙做右閃步等。此種方法主要訓練練習者的距離感、追擊對手和避化對手來招的能力及利用步法來製造和捕捉有利戰機的能力。

4. 實戰練習法

實戰練習法就是將步法在實戰中加以應用，從中不斷提升步法的實效性、合理性及熟練性，並且要及時從實戰中發現步法的不足和缺陷，並加以修正與改進，使步法真正在散打實戰中發揮出威力，達到克敵制勝的目的。

此外，還有步法輔助練習方法，即抓趾慢走、單雙腳跳繩、變速跑、往返跑、單雙腿蹲起、負重提踵、繞木樁

跑、雙人踩腳遊戲等。

三、步法練習要點

（1）移動步法時，身體重心要在兩腳之間，同時膝部要保持微屈狀態，以使步法富有彈性，雙腿不可僵直生硬。

（2）移動步法時，要注意保持好實戰姿勢，一則可以減少受擊面積，二則便於做防守動作。

（3）移動步法時，要做到雙腳虛實互變，靈活自如，不可有雙重之弊病。

（4）移動步法時，要求步幅大小適中，若步幅過大，不便於二次變化；過小又不能產生最佳的實用效果。

（5）移動步法時，不要出現邁步現象，即左、右腳交叉向前上步，應該是由實戰姿勢同側腳先上，可避免自身出現空檔而遭受對手的擊打。

（6）移動步法時，不得過於起伏身體，杜絕起步預兆過大而影響自身平衡，以給對方造成搶攻的機會。

（7）移動步法時，儘量避免雙腿交叉或雙腳在一條直線上的站位，因為這樣極易使身體失去平衡。

（8）移步時的總體要求是要疾速、平穩、靈活、多變及高度本能化。

第一章 散打基本技法

第二章
散打連環技法

第一節　搶攻技法

戰例1：

實戰時，我突然搶發右直拳攻打對手面部，對手隨用左手拍擊破化，接著我發左擺拳擊打其頭頸，對手用右擋臂化解，隨之我右腳上步，左腳背步連發挾頸過背摔將其摔倒在地，使之受到重創。（圖1～4）

【要點與提示】直拳、擺拳緊密相連，快速有力，移步敏捷，俯身撅臀，蹬地直膝發力，力達觸點，意氣力相

圖1

圖2

圖3　　　　　　　　　　　　圖4

合。施摔時我上體背部應緊貼對手胸腹，當對手左側頭頸暴露出空檔時，恰是我進步施摔的最佳時機。

戰例2：

實戰時，我突然搶發右直拳攻擊對手頭部，對手隨後閃頭避化，接著我發左劈拳狠擊其頭面，隨之我側進右步，用雙手下拍對手臂、背處，同時連發左斜撞膝狠撞其心窩要害，使之受到重創。（圖5～7）

圖5　　　　　　　　　　　　圖6

图7　　　　　　　　　　　　　图8

【要點與提示】直拳、劈拳、撞膝三動一氣呵成，快速準確，蹬地轉腰，送肩揮臂發力，力達觸點，意氣力相合。我發此招搶攻時要有排山倒海之勢，使對手在快速連擊的節奏下無招應對。

戰例3：

實戰時，我突然搶發右彈拳攻打對手面部，對手隨後閃頭避化，接著我左腳向右腳後插步，同時上體左轉身連發左鞭拳狠擊其頭頸，隨之連招右勾腿抄踢對手的左支撐腿腳跟，使之失衡倒地，受到重創。（圖8～10）

【要點與提示】拳、腿組合緊密連貫，插步、擰腳快捷，力由腰發，力達觸點，意氣力相合。左鞭拳、右勾踢腿形成上下攻擊點，可使對手的防守處於茫然之中，無招應變。

戰例4：

實戰時，我突然前滑步發左直拳攻打對手面門，對手隨之退步閃避，接著我連發右擺拳、左勾拳分別擊其頭部和腹

圖9　　　　　　　　　　圖10

圖11　　　　　　　　　　圖12

部，且另一手回護體前，使之受到重創。（圖11～13）

　　【要點與提示】三拳連動，一氣呵成，快速準確，蹬地轉腰，送肩旋腕發力，力達拳面，意氣力相合。直、擺、勾拳法變化打擊的落點必須清晰有效，這樣才能達到出拳制勝的目的。

圖13　　　　　　　　　　　圖14

圖15　　　　　　　　　　　圖16

戰例5：

　　實戰時，我突然起右低側踹腿搶踢對手的支撐腿膝部，接著連招發右高側踹腿狠踢其頭頸要害，同時雙手臂屈肘回護體周，隨之我右腳落步，上體左轉，用左劈腿補踢對手的肩部，使之受到重創。（圖14～16）

　　【要點與提示】右腿連環側踹快速準確，蹬地展胯發

圖17　　　　　　　　　　　　圖18

力，力達腳底，左轉身與左劈腿協調一致，劈腿時整腿向下劈擊，力達腳跟處，意氣力相合。我右腳落步、上體左轉身劈腿時，要有追擊對手的意圖，以防對手逃脫。

戰例6：

實戰時，我突然搶發右低邊腿攻踢對手的前支撐腿膝部，對手疾速上提

圖19

腿閃化，接著我右腳落地，上體側傾左轉身連發左旋擺腿狠擊其頭頸，隨之左腳落步發右劈拳補打對手的面門，使之受到重創。（圖17～19）

【要點與提示】拳、腿組合連貫準確，擰腳轉胯發力，力達觸點，意氣力相合。遠踢近打長短技法的連擊足以使

圖20

圖21　　　　　　　　　　圖22

對手一敗塗地。

戰例7：

實戰時，我突然搶發左高側踹腿攻踢對手的頭部，對手疾用雙手臂阻擋破化，接著我左腳落步，上體左轉發右前蹬腿猛踢其心腹要害，隨之左腳蹬地，身體騰空連出凌空左彈腿補踢對手的面門，同時我雙手臂隨擺體周，使之受到重創。（圖20～22）

圖23　　　　　　　圖24

【要點與提示】腿技組合快速、準確，蹬地轉腰發力，力達觸點，意氣力相合。高、中、凌空連環腿踢擊時切不可脫節，且身體騰空時要「提氣」。

戰例8：

實戰時，我突然左墊步發右勾腿攻踢對手的前支撐腿腳跟，對手疾速提膝閃化，接著我右腳下

圖25

落，左腳後撤步，同時上體左轉連發左鞭拳狠擊對手頭頸，隨之我右腳前上步，身體左轉，用左手下按對手頭頸，右手上抄其左小腿，發抄腿摔將其摔倒在地，造成重創。（圖23～25）

<table>
<tr><td>圖26</td><td>圖27</td></tr>
</table>

【要點與提示】勾踢
快速，鞭拳及時準確，上
步、抄腿摔協調一致，蹬
地轉腰發力，力達觸點，
意氣力相合。抄腿摔時我
雙手應形成上下合力，且
身體稍前俯，以助發力。

戰例9：

實戰時，我突然發左
直拳搶打對手的面部，對

圖28

手後閃頭避化，接著我右墊步發左中位側踹腿狠踢其腹
部，隨之左腳前落步，連出右直拳補擊對手的頭部，使之
受到重創。（圖26～28）

【要點與提示】出拳果斷、快猛，墊步、側踹連貫準
確，蹬地轉腰，展胯發力，力達拳面與腳底，意氣力相
合。右直拳出擊與左腳前落步一致，且身體要有向前的衝

圖29　　　　　　　　　　圖30

勁。

戰例10：

實戰時，我突然上左步發左、右擺拳連擊對手的頭部，對手疾速用左、右手臂屈肘外擋破化，接著我上體左轉身連發右中位邊腿狠踢其腰肋，同時雙手臂隨擺體周，使之受到重創。（圖29～31）

圖31

【要點與提示】拳、腿組合連貫有力，蹬地轉腰合胯發力，力達觸點，意氣力相合。對手在防守上盤擺拳時，中盤腰肋恰好暴露出空檔，我邊腿此時踢擊必中。

戰例11：

實戰時，我突然前跳步發左低邊腿攻踢對手的前支撐腿膝部，接著左腳落步發右直拳打擊其面部，對手隨用左

045

圖32

圖33

手拍擊破化，我順勢連出右高邊腿狠踢其頭頸，使之受到重創。（圖32～34）

圖34

【要點與提示】移步敏捷，腿、拳、腿組合三動環環相扣，一氣呵成，我手臂隨招擺動，力由腰發，力達觸點，意氣力相合。左、右邊腿錯位踢擊時，身體重心轉換應與之一致。

戰例12：

實戰時，我向前滑步發左直拳攻打對手的面部，對手後閃頭避化，接著我連發右擺拳狠擊其頭頸，對手下潛身防守，隨之我上體左轉，發左旋擺腿連踢對手的頭頸，使之受到重創。（圖35～37）

圖35	圖36

【要點與提示】

拳法組合快速連貫，旋擺腿側身、展胯發力，力達腳底及腳後跟，手臂隨動體周，意氣力相合。我旋擺腿踢擊時要注意時機的把握，即在擺拳擊空後連發，當對手起身之際正好腿至，被我踢個正著。

圖37

戰例13：

實戰時，我突然用右翻背拳搶打對手的頭面，對手隨用左手臂上架破化，接著我連發右中側踹腿狠踢其腹部，隨之右腳落步，出左後掃腿踢擊對手雙支撐腿的腳跟，使之跌倒在地，受到重創。（圖38～41）

圖38

圖39

圖40

圖41

　　【要點與提示】翻背拳快猛，側踹腿準確有力，後掃腿突然，上、中、下三盤齊打連貫，意氣力相合。後掃腿時雙手撐地，上體俯身，右腳掌擰轉，左腿掃擺，力達腳後跟，切記，後掃腿不可離開地面。

圖42　　　　　　　　　　圖43

戰例14：

實戰時，我突然向前滑步發右擺拳打擊對手的頭部，對手下潛身閃化，接著我連發左勾拳、右釘腿同打其下頜與頸骨，使之受到重創。（圖42、43）

【要點與提示】滑步、擺拳協調，勾拳、釘腿齊動一致，準確有力，旋臂屈肘勾打，擺腿勾腳釘踢，意氣力相合。當對手下潛身時，正是我勾拳打擊的最佳時機，切莫錯失。

戰例15：

實戰時，我突然起右中位側踹腿攻踢對手的腹部，對手疾用左手抄撥破化，接著我右腳落步，上體左轉連發左旋擺腿狠踢其頭部，對手順勢潛身避化，隨之我左腳側落步，發右栽拳狠擊其頭頸，使之受到重創。（圖44～46）

【要點與提示】出腿果斷，拳、腿組合緊密相連，踹腿展胯直膝，旋踢擰腳、擺腿發力，力達觸點，意氣力相

圖44　　　　　　　　　　圖45

圖46

合。栽拳時要鬆肩沉腕，旋臂墜肘時向體前的斜下方發力。

戰例16：

實戰時，我突然起左低邊腿搶踢對手的前支撐腿內膝，接著左腳落步，連發右蓋拳狠擊其頭頸，隨之連招左

圖47　　　　　　　　圖48

圖49

勾拳打擊對手的下頜，使之受到重創。（圖47～49）

　　【要點與提示】出腿果斷快捷，左、右拳節奏緊密，落點準確，力由腰發，力達觸點，意氣力相合。此招突出了遠踢近打的技術風格。

圖50　　　　　　　　圖51

戰例17：

實戰時，我搶發左直拳攻打對手的面部，接著上體左轉連發右前蹬腿狠踢其胸腹，隨對手後移步，我順勢右墊步，用凌空左直拳打擊其下頜要害，使之受到重創。（圖50～52）

圖52

【要點與提示】拳、腿、拳組合一氣呵成，蹬地轉腰發力，力達腳底與拳面，意氣力相合。身體凌空要有前衝之勁，以助直拳發力。

戰例18：

實戰時，我搶發左直拳攻打對手的面部，對手隨用雙

圖53

圖54

手臂阻擋破化，我順勢左轉身連招出右勾腿狠踢其前支撐腿的腳跟，使之失衡倒地，受到重創。（圖53、54）

【要點與提示】拳腿緊密相連，快速有力，蹬地轉腰發力，力達拳面與腳跟，意氣力相合。勾踢時右腳要擦地踢起，且雙手臂隨擺體周。

戰例19：

實戰時，我搶先用右前蹬腿攻踢對手的腹部，同時雙手臂屈肘回護體前，接著右腳落步，上體側傾，連發左高位側踹腿狠踢其下頜，使其受到重創。（圖55、56）

【要點與提示】蹬、踹腿連環快速，準確有力，蹬地轉腰，展胯發力，力達腳底，意氣力相合。側踹腿要抓住對手受擊後移位時再補踢，體現出借勢打招的奧妙。

圖55

圖56

圖57

圖58

戰例20：

實戰時，我快速右墊步發左低邊腿踢擊對手的前支撐腿外膝，同時左、右手臂隨動體周，接著右腳落步，上體左轉，連發右高邊腿狠踢其頭部，使之受到重創。（圖57、58）

圖59　　　　　　　　圖60

【要點與提示】左、右邊腿快速連貫，蹬地轉腰，合胯發力，力達腳背及脛骨，雙手臂隨動保持平衡，意氣力相合。我邊腿低、高不同位點踢擊對手，可使對手的防守顧此失彼。

戰例21：

實戰時，我搶發左低位側踹腿攻踢對手的前支撐腿膝部，同時左、右手臂回護體周，接著左腳下落，雙腳蹬地，身體騰空連發凌空左側踹腿狠踢對手的頭部，使之受到重創。（圖59、60）

【要點與提示】低踹準確，凌空側踹突然快速，蹬地轉腰，展胯發力，力達腳底，意氣力相合。連環踹腿不可脫節，且雙腳蹬地時要「提氣」，以增加身體騰空的高度。

戰例22：

實戰時，我突然發右中位側踹腿搶攻對手的心窩，對手隨後閃身避化，接著我右腳落步，右手臂挾頸連招用過背摔將對手摔倒在地，使之受到重創。（圖61、62）

圖61　　　　　　　　圖62

【要點與提示】踹踢
快猛，施摔連貫，挾頸牢
固，蹬地俯身，蹶臀發
力，力達觸點，意氣力相
合。施摔蹬地時左、右膝
關節一定要蹬直，且變臉
長腰。

戰例23：

實戰時，我搶發左低
邊腿攻踢對手的內膝，接
著左腳下落，連招出右直

圖63

拳打擊其下頜，隨之我上體俯身用撈腿推摔將其摔倒在
地，使之受到重創。（圖63～65）

【要點與提示】搶踢果斷快猛，直拳準確有力，蹬地
轉腰發力，力達拳面，意氣力相合。撈腿推摔時我右手向
上抄撈與左手前推對手胸部要形成合力。

圖64　　　　　　　　圖65

圖66

戰例24：

實戰時，我突然上右步發右直拳搶打對手的面門，對手疾用右手拍擊破化，接著我連發左擺拳狠擊其頭部，對手隨即上擋右臂防守，隨之我左手扣握對手右臂，上體潛進身，右手臂穿襠上扛對手發穿襠扛摔，將其摔倒在地，使之受到重創。（圖66～69）

圖67

圖68

圖69

【要點與提示】直、擺拳快速有力，上體潛身敏捷，蹬地立腰，拋臂發力，力達雙手，意氣力相合。施摔時我右手臂上挑與左手臂下拉應形成合力，且右肩要上頂對手的腹部。

圖70

圖71

圖72

圖73

戰例25：

　　實戰時，我突然進步潛身發左直拳搶打對手的心腹，接著連發右擺拳狠擊其頭部，對手隨動下潛閃避化，繼而用右直拳反擊我的面部，我疾出左手臂格擋來拳，同時右腳向左腳後插步，上體左轉發右鞭拳重擊對手的頭部，使之受到重創。（圖70～73）

圖74　　　　　　　　圖75

【要點與提示】拳法組合相連一體，格擋及時準確，鞭拳蹬地、轉腰、甩臂發力，力達拳背，意氣力相合。我右腳後插步要緊貼對手，以確保轉身鞭拳的命中率。

戰例26：

實戰時，我搶發右勾腿踢擊對手的前支撐腿腳

圖76

跟，對手疾提膝閃化，接著我右腳連發右中位側踹腿狠踢其胸部，隨之右腿落下，上體右轉，出左高位側踹腿補踢對手的下頜，使之受到重創。（圖74～76）

【要點與提示】勾腿短快，擦地而起，側踹展胯發力，力達腳底，雙手臂隨動體周，意氣力相合。腿法連踢要環環相扣，一氣呵成，不給對手喘息的機會。

圖77　　　　　　　　　　　圖78

戰例27：

實戰時，我突然發左擺拳攻打對手的頭部，對手疾用右手臂外擋破化，接著我發右低邊腿猛踢其前支撐腿外膝，隨之連招用右劈腿補踢對手的頭部，同時我雙手臂隨擺體周，使之受到重創。（圖77～79）

圖79

【要點與提示】出拳果斷準確，邊踢有力，力達腳背，劈腿時整腿下劈，且應將身體重心壓上，意氣力相合。我右腿連踢時腳不可落地。

戰例28：

實戰時，我突然用右直拳搶打對手的面門，對手疾速應招用左手拍擊破化，接著我前滑步連發左勾拳狠打其心窩要害，陏之上體下俯，用抱單腿拉摔將其摔倒在地，使

圖80　　　　　　　　　　　　圖81

圖82

之受到重創。（圖80～82）

　　【要點與提示】拳法緊密、快猛，雙手抱腿牢固，俯
身下壓肩有力，意氣力相合。施摔牢固，俯身下壓肩有
力，意氣力相合。施摔時我雙手上抱腿與左肩下壓要形成
錯力，同時注意含頷低頭、俯身蹶臀。

　　戰例29：

　　實戰時，我突然發左直拳搶打對手的面部，接著潛身
發右直拳擊打其心窩，隨之連招出右勾踢腿踢擊對手的左

圖83

圖84

圖85

支撐腿腳跟，使之失衡倒地，受到重創。（圖83～85）

【要點與提示】拳腿組合快猛，蹲身發拳準確，蹬地轉腰，送肩發力，力達拳面，勾踢擦地而起，意氣力相合。我右勾腿時要向體前斜上方發力。

圖86　　　　　　　　　　圖87

戰例30：

實戰時，我突然搶發左直拳攻打對手的面門，對手隨用左手拍擊破化，接著我上體左轉，連發右劈腿狠踢其頭部，同時雙臂屈肘同擺體周，使之受到重創。（圖86、87）

圖88

【要點與提示】拳、腿組合緊密相連，快速準確，力由腰發，力達拳面及腳底，意氣力相合。劈腿時由上至下沿體中線踢出。

戰例31：

實戰時，我用左低邊腿搶踢對手的支撐腿外膝，接著發右勾拳抄打其下頜要害，隨之上體右轉，連出左劈拳補擊對手的頭頸，使之受到重創。（圖88～90）

<table>
<tr><td>圖89</td><td>圖90</td></tr>
</table>

【要點與提示】邊腿搶踢快速，勾拳、劈拳連打一氣呵成，蹬地旋臂勾擊，轉腰探臂劈打，力達拳面與拳輪，意氣力相合。我出拳進攻對手時，另一手必須回護體前，以防對手反擊。

戰例32：

實戰時，我快上右步，身體左轉發左旋擺腿攻踢對手的頭部，對手潛閃身避化，接著我左腳落步，連招出右栽拳狠擊對手的頭頸，將其擊倒在地，使之受到重創。（圖91、92）

【要點與提示】上步、轉身、旋踢協調一致，栽拳沉身、墜肘發力，力達拳面，意氣力相合。我栽拳擊打要借對手潛身閃躲時發招，因其此時重心較低，極易被擊倒。

戰例33：

實戰時，我突然發右直拳搶打對手的頭部，對手後移步閃躲，接著我向前進步，用雙手摟抱對手的雙腿，發抱

圖91　　　　　　　　　　圖92

圖93

圖94

腿摔將其摔倒在地，使之受到重創。（圖93～96）

　　【要點與提示】直拳快速，抱摔連貫，蹬地立腰，展腹拋臂發力，力達雙手與肩部，意氣力相合。我右腳上步時要至對手襠下，且左腳跟進，以便施摔發力。

圖95　　　　　　　　圖96

戰例34：

　　實戰時，我搶發右直拳攻打對手面門，對手隨用右手拍擊破化，接著我左腳上步，右手回拉對手左臂，同時左手下按其背部，發右頂膝狠撞對手的心腹，隨

圖97

之連招用切肩別摔將對手摔倒在地，使之受到重創。（圖97～99）

　　【要點與提示】出拳快脆，頂膝左轉腰仰身發力，力達膝部，施摔時右手按肩與右別腿協調一致，快速有力，意氣力相合。用摔技時我要從對手的偏門進招。

　　戰例35：

　　實戰時，我突然發右低邊腿搶踢對手的前支撐腿，對

圖98　　　　　　　　　　圖99

圖100　　　　　　　　　　圖101

手疾速提膝閃化，接著我右腳下落，身體左轉，連發左旋
擺腿狠踢其頭部，對手隨即後閃頭破化，繼而出右邊腿反
踢我腰腹，我順勢變招用接腿別摔將其摔倒在地，使之受
到重創。（圖100～103）

　　【要點與提示】腿法組合連貫、快速，雙手接腿牢固，
轉腰打腿有力、兇狠，意氣力相合。接腿別摔時我雙手與
右腿發力要形成前後爭力。

圖102　　　　　　　圖103

圖104　　　　　　　圖105

戰例36：

　　實戰時，我突然發左直拳攻打對手的面部，對手後閃頭避化，隨即出左直拳反擊我的頭部，我疾用左手拍擊來拳，同時左腳後撤步，右手下壓其肩部，用右腿後撩對手的左腿，發挑腿摔將其摔倒在地，使之受到重創。（圖104～107）

　　【要點與提示】出拳快速，擺擊準確，撤步、壓肩、挑

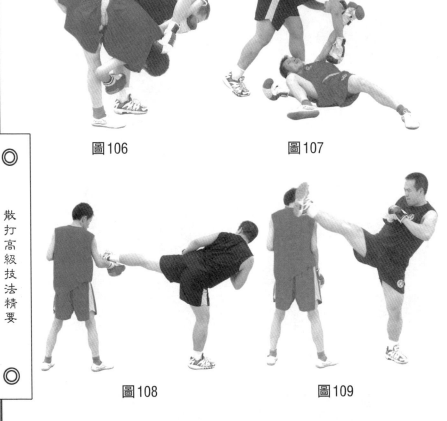

圖106　　　　　　　　圖107

圖108　　　　　　　　圖109

腿協調一致，蹬地轉腰，俯身變臉發力，力達觸點，意氣力相合。施摔時我右手向下按壓與右撩腿上挑形成合力。

戰例37：

實戰時，我快起左中位側踹腿攻踢對手的腹部，對手用裏抄手破化，接著我左腳落步連發右擺腿狠踢其頭部，同時雙手臂隨擺體周，使之受到重創。（圖108、109）

圖110　　　　　　　　　　圖111

圖112

【要點與提示】左、右連環腿快速連貫，蹬地轉腰發力，力達腳底與腳外側，意氣力相合。我外擺腿踢擊對手的頭部時，要順借對手抄撥之力踢出，以起到助力加速的作用。

戰例38：

實戰時，我突然上體後仰身，發右前點腿踢擊對手的咽喉要害，對手隨後閃頭避化，接著我右腳下落步，上體俯身，用雙手抱其左、右腿後拉，同時肩部前頂對手的腹部，發抱雙腿摔將其摔倒在地，使之受到重創。（圖110～112）

圖113

圖114

【要點與提示】點腿果斷、快速，展腹送胯發力，力達腳尖，雙手抱腿牢固，回拉有力，意氣力相合。我右腳下落時一定要踩在對手左、右腳的中間，且肩部要緊貼其腹部，如此才能施摔成功。

戰例39：

圖115

實戰時，我出左前蹬腿搶踢對手的腹部，對手疾用雙手合抱我左腿進行反摔，我快速用左腳向前連續補踢對手的腹部，使之脫手，接著我右腳蹬地，身體凌空連發右直拳狠擊其面門，使之受到重創。（圖113～115）

【要點與提示】蹬腿連踢不可間斷，轉腰送胯發力，

圖116　　　　　　　　　圖117

力達腳底，凌空直拳快速準確，意氣力相合。凌空直拳不僅在氣勢上能壓倒對手，而且騰身慣性大，拳力重，常會收到一拳定勝負的效果。

戰例40：

實戰時，我快速向前墊步，上體側倒發右高位掛腿踢擊對手的頭部，對手隨之側閃頭避化，接著我右腳落步，連招出左栽拳狠擊其心窩要害，使之受到重創。（圖116、117）

【要點與提示】掛腿突然快猛，栽拳連貫，沉身墜肘發力，力達拳面，意氣力相合。掛腿與栽拳時上體仰、俯身要明顯，以助拳、腿發力。

戰例41：

實戰時，我突然前滑步發左、右直拳搶打對手的面門，接著連招出右衝膝狠撞其心腹要害，且雙手回護體前，使之受到重創。（圖118～120）

【要點與提示】移步敏捷，直拳連貫，蹬地轉腰，旋臂發力，力達拳面，衝膝仰身送胯，意氣力相合。我進攻

圖118

圖119　　　　　　　　　圖120

對手上、中盤時招式要相連一體，才能勢不可擋。

戰例42：

實戰時，我搶先用右彈腿踢擊對手的腹部，對手快用左手下壓破化，接著我右腳落步連發右擺拳狠擊其頭部，對手連用左擋臂進行防守，隨之我連招左盤肘橫擊其面

圖121

圖122　　　　　　　　　　圖123

頰，使之受到重創。（圖121～123）

【要點與提示】拳、腿快速連貫，肘擊有力，力由腰發，力達觸點。右擺拳與左盤肘應從對手兩側變向進攻，可使對手中招落敗。

戰例43：

實戰時，我突然搶發左直拳打擊對手的頭部，對手閃

圖124

圖125

圖126

步避化，接著我出右盤肘狠擊其頭側，隨之雙手向下抱拉
對手的頭頸，連招右頂膝撞擊對手的心窩，使之受到重
創。（圖124～126）

【要點與提示】出拳快爆，盤肘兇狠，三招連動一體，
意氣力相合。我發膝時雙手下拉頭頸與頂膝要形成合力。

圖127

圖128

戰例44：

實戰時，我快出左前蹬腿搶踢對手的腹部，對手隨即後移步，用雙手接抱我左腿發摔技反攻，我順勢用左手摟抱對手的頭頸，左腳下踩其大腿面，身體凌空連發右砸肘狠擊對手的頭頂，使之受到重創。（圖127、128）

【要點與提示】蹬腿快速，身體騰空敏捷，左手摟頸牢固，右臂屈肘下砸有力，意氣力相合。我砸肘時要借對手回拉之力隨動而上，且出肘時右手要放鬆。

戰例45：

實戰時，我突然發右直拳打擊對手的面部，對手隨用左手拍擊破化，接著我發左擺拳狠擊其頭部，對手下潛身防守，隨之我連招出左斜撞膝攻擊其面部，且左手下按其頭頸，使之受到重創。（圖129～131）

【要點與提示】出拳快猛，撞膝有力，蹬地轉腰發力，力達觸點，意氣力相合。我膝攻時左手下按與左膝撞面要形成合力。

圖129

圖130　　　　　　　　圖131

第二節　反擊技法

戰例1：

實戰時，對手突然上左步發右頂膝頂擊我心腹，我疾動應變出右、左連環勾拳阻打對手的腹、肋要害，接著我

図1

図2

連招發右擺拳猛擊對手頭部，使之受到重創。（圖1～3）

図3

【要點與提示】勾拳反擊及時準確，擺拳連貫快猛，蹬地轉腰，合肩旋臂發力，力達觸點，意氣力相合。我右擺拳變向擊打對手頭部時，注意右腳跟要蹬離地面，以助發力。

戰例2：

實戰時，對手突然發右直拳打擊我的面門，我快動應變，身體重心後移，用右前蹬腿阻踢對手的腹部，接著右腳落步發左中位邊腿狠踢其側肋，隨之右腳蹬地，身體凌空，連發右高邊腿攻踢對手的頭部，同時我雙手臂隨擺體

圖4　　　　　　　　　　圖5

周，使之受到重創。（圖
4～6）

【要點與提示】阻蹬
腿快速準確，左、右連環
邊腿兇狠有力，轉腰合胯
發力，力達腳背及脛骨，
意氣力相合。邊腿踢擊對
手時要有追擊的意圖，以
防其逃脫。

戰例3：

實戰時，對手突然出

圖6

左直拳攻打我胸部，我快動應變，用右手向外拍擊破化來
拳，同時發右下踩腿反踢其前支撐腿膝部，接著右腳前落
步，上體前俯，右手上撈對手左腿，左手前推其胸部，將
對手摔倒在地，使之受到重創。（圖7、8）

【要點與提示】拍擊及時準確，踩膝有力，施摔連貫，

圖7　　　　　　　　　圖8

圖9　　　　　　　　　圖10

踩腿直膝展胯，力由腰發，力達腳底，意氣力相合。我施摔時，右手撈腿與左手推胸要形成上下合力。

戰例4：

實戰時，對手突然上步出右劈拳搶打我頭部，我疾速應動，上體側閃身避化來拳，同時發左中位側踹腿阻踢對手的胸部，接著左腳落步，身體左轉連發右高位邊腿狠踢其頭頸，使之受到重創。（圖9、10）

圖11　　　　　　　　　圖12

【要點與提示】側踹阻踢及時準確，邊腿快速有力，蹬地轉腰發力，力達腳底與腳面，意氣力相合。我側閃身既可以避化來拳，又能夠增加踹腿的攻擊距離。

戰例5：

實戰時，對手突然出右中位邊腿攻踢我的側肋，我疾速應動，左腳向前上步，用左手臂接抱來腿，同時發右直拳反擊對手的胸部，接著我連招發右掛腿摔將對手摔倒在地，使之受到重創。（圖11、12）

【要點與提示】接腿快速、牢固，直拳反擊準確、兇狠，掛腿摔要貼近對手身體，意氣力相合。我右腿外掛與右手下推肩協調一致，形成合力。

戰例6：

實戰時，對手突然出右直拳搶攻我的面門，我快動應變，用左手拍擊破化，同時發右前蹬腿踢擊對手的腹部，接著我右腳前落步，連發右翻背拳狠擊其面部，且左手回護體前，使之受到重創。（圖13、14）

圖13　　　　　　　　圖14

【要點與提示】拍擊、蹬腹同動一致，準確有力，蹬地轉腰，探臂發力，力達觸點，意氣力相合。翻背拳擊面部時要以肘關節為軸向前翻打。

戰例7：

實戰時，對手突然出左前蹬腿攻踢我的心腹要害，我快動應變，上體左轉，用

圖15

右手臂裏磕破化來腿，接著我發左、右劈拳連環擊打其頭面，同時另一手回護體前，使之受到重創。（圖15～17）

【要點與提示】磕臂準確、短促，左、右劈拳緊密相連，蹬地轉腰，送肩發力，力達拳輪，意氣力相合。左、右劈拳運行軌跡在體前成斜十字形。

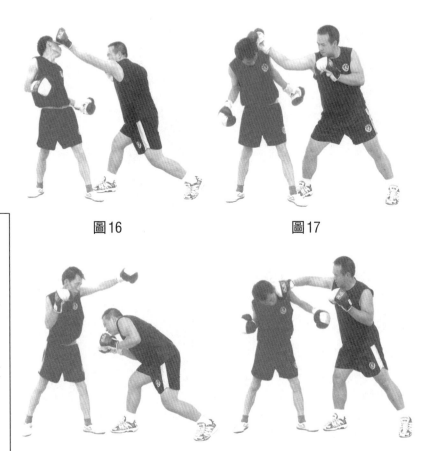

圖16   圖17

圖18   圖19

戰例8：

實戰時，對手突然上步發左擺拳攻打我的頭部，我快動應變，向下潛閃身避化，接著起身發右擺拳狠擊對手的頭頸，隨之進步用左盤肘頂擊其心窩，使之受到重創。（圖18～20）

【要點與提示】潛閃身及時，擺拳快準，盤肘轉腰，送肩發力，力達觸點，意氣力相合。我進步需向體斜前方，使

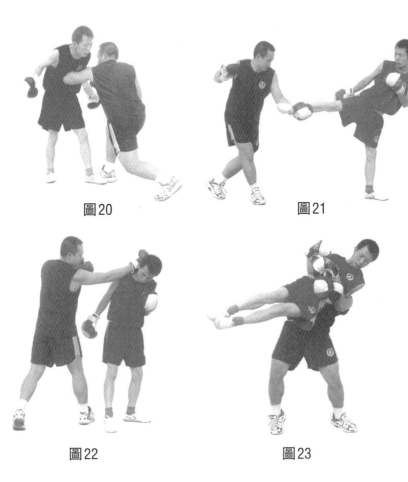

圖20

圖21

圖22

圖23

對手正處於我體位中間，便於我盤肘擊打。

戰例9：

實戰時，對手突然起右邊腿踢擊我的側肋，我快動應變，左腳後插步，用左手裏抄破化來腿，接著左腳向前上步，右腳後插步，同時身體右轉發右鞭拳狠擊對手頭部，隨之我上左扣步至其背後，用抱腰掇摔將其摔倒在地，使之受到重創。（圖21～23）

圖24　　　　　　　　　圖25

【要點與提示】抄腿準
確，移步轉身靈敏，拳、摔
組合連貫，掇摔蹬地展腹，
甩臂發力，力達雙手，意氣
力相合。我雙手抱腰掇摔時
要將對手雙手臂抱控住，以
防其反擊。

戰例10：

實戰時，對手突然用
左、右連環直拳搶打我的頭

圖26

部，我快動應變，用右、左挑掛手破化來招，接著對手起
右邊腿狠踢我的側肋，我順勢發接腿別摔將其摔倒在地，
使之受到重創。（圖24～26）

【要點與提示】防守準確，接腿牢固，別摔有力，蹬地
轉腰發力，力達觸點，意氣力相合。挑掛手必須緊貼頭側，
幅度不可過大，別摔時雙手抱拉腿與右腳支別要形成爭力。

| 圖27 | 圖28 |

戰例11：

實戰時，對手突然發左直拳搶攻我頭部，我快動應變，右腳側上步，同時上體側閃身出左勾拳抄打對手心腹，接著連招用右擺拳、左直拳分別擊其頭頸要害，且另一拳回護體前，使之受到重創。（圖27～29）

圖29

【要點與提示】上步閃身及時，三拳連打緊密，快速準確，蹬地轉腰發力，力達觸點，意氣力相合。我閃身勾拳擊腹時，頭部要有一個下潛前擺的動作，以防被對手直拳擊中。

戰例12：

實戰時，對手搶發右直拳攻打我的頭部，我快動潛閃

圖30　　　　　　　　圖31

圖32　　　　　　　　圖33

身避化，同時出右直拳反擊對手的腹部，接著起身用左手下壓對手的右手臂，右踩腿狠踢其前膝，隨之我右腳前落步，雙手臂展開用身體靠打對手，使之跌倒在地，受到重創。（圖30～33）

【要點與提示】潛閃及時，下壓與踩腿同動一致，靠打緊貼對手身體，蹬地轉腰，展臂發力，力達觸點，意氣

圖34　　　　　　　　　　圖35

力相合。靠打時我右腿要鎖
住對手的雙腿，並且與右手
臂的展開要形成錯力。

　戰例13：

　　實戰時，對手突然上左
步發左勾拳擊打我的側肋，
我快動應變，右肘下垂阻擋
破化來拳，接著出左擺拳狠
擊其頭部，隨之連招發右勾
拳補打對手的下頜，使之受
到重創。（圖34～36）

圖36

　【要點與提示】擋肘及時，沉身閉氣，左、右連環拳
快準有力，蹬地轉腰，揮臂發力，力達拳面，意氣力相
合。擋肘時要用肘之鷹嘴骨阻擋來拳，且我出拳擊打對手
時，另一拳要回護體前，以起到保護作用。

圖37　　　　　　　　　　　　圖38

戰例14：

實戰時，對手突然墊步用左側踹腿攻踢我的胸部，我快動搶用左前蹬腿阻踢對手的左腿外膝處，接著左腳落地，用右中位邊腿狠踢其後腰，隨之連招用左擺拳擊打對手的頭頸，使之受到重創。（圖37～39）

圖39

【要點與提示】阻蹬及時準確，邊腿、擺拳連貫有力，撐腰裹胯邊踢，轉身揮臂擺拳，意氣力相合。拳、腿組合透過擊打位點和角度的變化來攻擊對手，可以達到克敵制勝的效果。

戰例15：

實戰時，對手搶發左側踹腿踢擊我的腹部，我快動應

圖40　　　　　　　　　　　圖41

變，用左手向外勾掛破化來腿，接著上體左轉發右低邊腿狠踢對手的左大腿，隨之右腳落步，連招左撞膝攻擊對手的心腹，且我左手下按其頭頸，使之受到重創。（圖40～42）

圖42

【要點與提示】外掛準確，邊踢有力，膝攻與左手下壓協調一致，意氣力相合。左膝應向斜上方發力，左手臂下按是為了增加膝攻的力度，以及防止對手逃離出我的有效攻擊距離。

戰例16：

實戰時，對手突發左側踹腿踢擊我的胸部，我快動應變，用左、右手合抱接拉來腿，接著我順勢發右中位邊腿狠踢其後腰，隨之右腳落步，連招左擺拳擊打對手的頭部，使之受到重創。（圖43～45）

圖43

圖44　　　　　　　圖45

【要點與提示】雙手接腿準確牢固，蹬地轉腰，合胯邊踢，揮臂旋腕發拳，意氣力相合。我發邊腿時要順借對手回抽左腿之際踢出，以此來體現出借力出招的效果。

戰例17：

實戰時，對手突然用右低邊腿搶踢我的左小腿，我快速應變，上提左膝閃避，同時連發左劈腿狠踢對手的頭、

圖46　　　　　　　　　　圖47

肩部，接著左腳下落，出右劈拳連擊其面門，使之受到重
創。（圖46、47）

【要點與提示】提膝閃身避化及時，劈腿連貫有力，
蹬地轉腰，送肩發拳，力達拳輪，意氣力相合。我左腳下
落的位置應在對手右腳的外側，這樣才能使右劈拳沿中線
打出，重傷對手。

戰例18：

實戰時，對手突然
用前蹬腿搶踢我的腹
部，我快動應變，用雙
手上下合抱來腿，接著
上右步連發左、右直拳
分別擊打對手的下頜與
胸部，使之受到重創。
（圖48～50）

圖48

圖49　　　　　　　　　　　圖50

【要點與提示】接腿準確有力，上步、發拳協調一致，左、右連環直拳一氣呵成，蹬地轉腰，送肩發力，力達拳面，意氣力相合。我上步須在對手回爭收腿之時相跟而進。

戰例19：

實戰時，對手快出左直拳打擊我的面門，我應變後閃身避化，接著對手連發右中位邊腿狠踢我側肋，我順勢用左、右手接抱來腿，上右步進身發過背拋摔，將其摔倒在地，使之受到重創。（圖51～54）

【要點與提示】閃化及時，接腿準確，左手摟抱小腿，右手挑抱大腿根，蹬地、立腰、拋臂發力，意氣力相合。施摔動作連貫，拋臂發力軌跡呈上弧形。

圖51

圖52　　　　　　　　圖53

圖54

戰例20：

　　實戰時，對手搶發右直拳攻打我的頭部，我快動應變，用左手拍擊破化來拳，接著我發右擺拳反擊其頭部，對手隨用左手外擋防守，隨之我變招用雙手臂抱、挑對手的左手臂，同時出左腳掃踢其前支撐腿內側，使之摔跌在地，受到重創。（圖55～57）

圖55

圖56　　　　　　　　圖57

【要點與提示】拍擊快脆準確，擺拳兇狠有力，力達拳面，意氣力相合。掃踢時我雙手臂要向上方抱、挑對手的左手臂，同時左腳貼地踢出，左轉身旨在閃讓出對手倒跌的位置。

戰例21：

實戰時，對手搶先發右邊腿踢擊我的腰肋，我快動應

圖58 圖59

變，起前腿左中位側踹腿阻踢對手的腹部，接著下落左
腳，上體左轉，連發右高位邊腿狠踢其頭頸要害，使之受
到重創。（圖58、59）

【要點與提示】阻踢及時準確，邊腿蹬地、轉腰、裏
胯發力，力達腳背，雙手臂同擺體周，意氣力相合。我側
踹阻踢對手時要意念在先，有感而應。

戰例22：

實戰時，對手突發左直拳擊打我的腹部，我快動應
變，用右手臂裏格破化來拳，同時發右低邊腿踢擊其前支
撐腿膝部，接著連招出右中位側踹腿補踢對手的胸部，使
之受到重創。（圖60、61）

【要點與提示】防守到位有力，邊腿快速，踹腿兇狠，
右腿連踢時腳不落地，力由腰發，力達觸點，意氣力相
合。若遇對手反應機敏後撤步時，我可以用左墊步追擊進
行踹踢。

圖60　　　　　　　　　　圖61

圖62　　　　　　　　　　圖63

戰例23：

實戰時，對手突然移步轉身發左鞭拳抽打我的面門，我疾速應對，用雙手臂擋阻破化來拳，同時出右勾腿狠踢其前支撐腿腳跟，使之跌倒在地，受到重創。（圖62、63）

【要點與提示】轉身、擋臂協調，勾踢準確有力，支撐腳扣趾抓地，意氣力相合。我雙手擋臂要對迎鞭拳，以

圖64　　　　　　　　　　　　圖65

此改變其正常的發力點，同時也為勾踢贏得了時機。

戰例24：

實戰時，對手搶發左直拳攻打我的頭部，我快動應變，出左勾拳破化來拳，對手順勢出右直拳連擊我的面部，我疾右轉身，上體前俯連發右後蹬腿狠踢其心腹要害，同時雙手臂回護體周，使之受到重創。（圖64、65）

【要點與提示】勾拳準確，擰腳轉身後蹬，配合協調一致，意氣力相合。此招的精華是轉身後蹬踢腹，因其既可以避化對手來拳，又能反踢得分，有「一箭雙雕」的功效。

戰例25：

實戰時，對手突然起左中位邊腿攻踢我的側肋，我快動應變，上提左膝外擋來腿，接著左腳下落步，發右擺拳擊打其頭頸，隨之連招出左劈肘重擊對手的胸部，使之受到重創。（圖66～68）

【要點與提示】擋膝及時，轉腰揮臂，送肩發力，力達拳面，疊肘下劈有力，意氣力相合。我左腳落步時應貼

圖66

圖67

圖68

近對手，以便發肘。

　　戰例26：

　　實戰時，對手突然發左直拳搶打我的胸部，我疾側上右步用右手拍擊破化，同進出左釘腿狠擊其腹部，隨之左腳落步，上體右轉連招左盤肘補擊對手的面頰，使之受到重創。（圖69、70）

圖69   圖70

圖71

【要點與提示】防守及時準確，釘腿直膝橫擺發力，力達腳尖，盤肘轉腰送肩，意氣力相合。盤肘要在對手受擊後順勢頂出。

戰例27：

實戰時，對手快出左中位側踹腿攻踢我的心窩，我快動應變，用右手抄掛破化來腿，接著上右步發右頂肘猛擊其胸肋，且左手回護體側，隨之連招左劈拳補打對手的面門，使之受到重創。（圖71～73）

圖72　　　　　　　　圖73

【要點與提示】右手抄掛及時，上體轉身連動，上步、頂肘一致，劈拳轉腰、送肩打出，力達拳輪，意氣力相合。我上步時一定要「吃住」對手雙腳，以利肘擊。

戰例28：

實戰時，對手搶用左擺拳攻打我的頭部，我疾動右腳側上步，同時上體

圖74

潛閃身避化，接著發左撞膝撞擊其心腹，且雙手拍按其背部，隨之左腳落步，身體左轉，用左手下按對手的頭頸，右手上掀其左大腿發掀腿摔將其摔倒在地，使之受到重創。（圖74～76）

【要點與提示】閃身精準，移步、撞膝同動，轉身掀

圖75

圖76

腿有力，意氣力相
合。掀腿摔時我左、
右手應上下形成合
力，以使施摔成功。

戰例29：

實戰時，對手快
發右低邊腿搶踢我的
左支撐腿，我疾速左
提膝閃化來腿，接著
對手落步連發右擺拳

圖77

擊打我的頭部，我順勢用左手外擋防守，同時左手外翻抓
控其手臂，上體左轉上右腿支別對手的右腿，且右手按壓
其肩部，將其摔倒在地，使之受到重創。（圖77～79）

【要點與提示】防守及時準確，反摔恰當有力，轉
身、別腿、按肩協調一致，意氣力相合。我右手下按要與

圖78　　　　　　　　　　　圖79

圖80　　　　　　　　　　　圖81

右腿後別形成錯力。

　　戰例30：

　　實戰時，對手突然發左、右直拳擊打我的頭部，我快動應變，身體向左閃轉，同時發右後撩腿狠踢其下頜，接著右腳下落步，身體右轉連招右翻背拳補打對手的頭面，使之受到重創。（圖80、81）

圖82

圖83

【要點與提示】轉身靈活快速，撩腿直膝、擺胯發力，力達腳底，雙手臂前後分挑，翻背拳擊打準確，意氣力相合。我翻背拳要以肘關節為軸立圓打出。

戰例31：

實戰時，對手突然起右中位邊腿攻踢我的側肋，我快動應變，上提左膝外擋來腿，接著左腳下落步，發右

圖84

擺拳打擊其頭頸，隨之連招出左劈肘重擊對手的胸部，使之受到重創。（圖82～84）

【要點與提示】擋膝及時，轉腰揮臂，送肩發力，力達拳面，疊肘下劈有力，意氣力相合。我左腳落步時應貼近對手，以便發肘。

|圖85|圖86|

戰例32：

實戰時，對手突然發右高邊腿攻踢我的頭部，我快變應招，用右前阻蹬腿踢擊來腿膝部，接著連發右高位側踹腿狠踢其頭頸，同時雙手臂隨動體周，使之受到重創。（圖85、86）

【**要點與提示**】阻蹬腿準確，轉腰送胯發力，踹腿連貫，擰腰展胯，力達觸點，意氣力相合。我右腿連踢時腳不可以落地。

戰例33：

實戰時，對手用左中位邊腿踢擊我的側肋，我疾動應招，上提右膝外擋破化，同時雙手臂屈肘回護體前，隨之右腳落步，連發左劈腿狠踢其肩頸，使之受到重創。（圖87、88）

【**要點與提示**】擋膝準確有力，身體右轉與左劈腿協調一致，活胯直膝劈腿，力達觸點，意氣力相合。我劈腿時要在體前走豎向直線，且要將身體重心壓上。

圖87　　　　　　　　　　　圖88

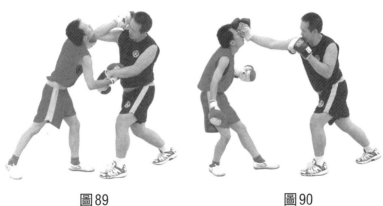

圖89　　　　　　　　　　　圖90

戰例34：

實戰時，對手進步用右勾拳擊打我的心腹，我快動應變，用左手下壓破化來拳，同時發右挑肘狠擊其下頜要害，接著順勢連招出右劈拳猛打對手的頭部，使之受到重創。（圖89、90）

【要點與提示】下壓準確，挑肘快速，劈拳連貫，蹬地轉腰，疊臂發力，力達肘尖，意氣力相合。劈拳時要順

圖91　　　　　　　　　　圖92

接挑肘而發，一上一下形成變點擊打，可使對手無法防守。

戰例35：

實戰時，對手突然墊步發右高位側踹腿踢擊我的頭部，我快動應變，上體右轉發左裏合腿破踢來腿，接著左腳下落步，身體繼續右轉，連發右中位側踹腿補踢其後背要害，同時雙手臂隨動體周，使之受到重創。（圖91、92）

【要點與提示】裏合腿準確，側踹腿連貫，轉身靈敏，支撐腿穩固，力由腰發，力達腳底，意氣力相合。裏合腿「以橫破直」要意動在對手之前，且左、右腿連踢時上體要轉動一周。

第三章
散打功法訓練

第一節 打沙袋訓練

一、打沙袋的作用

打沙袋是散打教學訓練中最為常用的方法之一，透過拳、腿、肘、膝等不同技法擊打沙袋，可以培養練習者的擊打力度、抗擊硬度和出招速度，提高練習者技術動作的準確性、實戰距離感和節奏感以及自身的平衡能力。

二、打沙袋的方法

擊打沙袋一般分為拳打、腳踢、肘擊和膝撞等技法內容。

（1）拳打沙袋包括直拳、勾拳、擺拳、劈拳、彈拳、撩拳、蓋拳、栽拳和鞭拳等擊打法。（圖1～15）

圖1

圖2　　　　　　　　　　圖3

圖4　　　　　　　　　　圖5

圖6　　　　　　　　　　圖7

圖8

圖9

圖10

圖11

圖12

圖13

圖14　　　　　　　　　　　圖15

　（2）腿踢沙袋包括彈腿、邊腿、蹬腿、踹腿、掛腿、釘腿和撩腿等踢法。（圖16～23）

　（3）肘擊沙袋包括頂肘、盤肘、劈肘、砸肘和掃肘等肘擊法。（圖24～30）

　（4）膝撞沙袋包括衝膝、頂膝、撞膝、擺膝和掃膝等膝撞法。（圖31～37）

圖16　　　　　　　　　　　圖17

圖18

圖19

圖20

圖21

圖22

圖23

113

圖 24

圖 25

圖 26

圖 27

圖 28

圖 29

圖30

圖31

圖32

圖33

圖34

圖35

圖36   圖37

三、打沙袋的要點

（1）無論用哪一種技法擊打沙袋，之前都要進行熱身活動，以避免損傷發生，影響正常的訓練和比賽。初練打沙袋應配戴護具，如拳套、護腳、護肘和護膝等保護用品，隨著訓練時間的增長及自身功力的提高，再逐步依次減去保護用品。

（2）打沙袋時先要選擇單種技法進行訓練，等熟練掌握後，才能進行組合技法的擊打沙袋訓練，如拳腿組合、肘膝組合等。

（3）打沙袋時要注意正確的著力點和發力傳遞原理。正確的著力點需要觸位準確，肌肉收緊，如直拳的著力點在拳面，劈拳的著力點在拳輪等。正確的發力傳遞是起於根節，傳於中節，達於梢節，同時擊打力度由輕至重，速度由慢至快。

（4）要選擇正規廠家生產的皮質沙袋進行訓練，一

則是其產品安全可靠，二則是沙袋設計合理。好的沙袋應富有彈性，不會影響練習者擊打時技術動作的發力。

（5）懸掛沙袋與練習者胸齊為宜，但也可以將沙袋懸掛在高、中、低3個不同的位置上，以利於不同技法的訓練。為了提高出招的爆發力和滲透力，還可以讓同伴抱控住沙袋進行擊打。

（6）沙袋要懸掛牢固，訓練場地須平整、乾淨，同時練習者可利用輕、中、重3種不同重量的沙袋進行訓練，以求不同的訓練效果。

（7）擊打沙袋每組進行1～3分鐘，可進行4～6組訓練，訓練後切記要進行整理放鬆活動，避免肌肉僵硬，以利於體能的恢復。

第二節　打靶訓練

一、打靶的作用

打靶訓練是由教練員或同伴手持手靶或腳靶表示不同的靶位，供練習者擊打，這是散打一種極為常用的訓練方法。打靶訓練分為定位靶、移動靶、單靶、雙靶、進攻靶、反擊靶和雙人對踢靶等內容。

透過打靶訓練，可以培養練習者的判斷反應能力、身體用力感和有效距離感，提高練習者的打擊力度、打擊速度和打擊準確度等，以達到熟練技術動作的目的。

二、打靶的方法

1.腿技踢靶訓練

（1）彈　腿

①中位彈腿踢靶。（圖1）　　②高位彈腿踢靶。（圖2）

圖1　　　　　　　　　　　　圖2

（2）蹬　腿

①中位蹬腿踢靶。（圖3）　　②高位蹬腿踢靶。（圖4）

圖3　　　　　　　　　　　　圖4

（3）踹　腿

①高位踹腿踢靶。（圖5）　　②中位踹腿踢靶。（圖6）

圖5

圖6

（4）邊　腿

③低位踹腿踢靶。（圖7）　　①高位邊腿踢靶。（圖8）

圖7

圖8

119

②中位邊腿踢靶。（圖9）　　　③低位邊腿踢靶。（圖10）

圖9　　　　　　　　　　　圖10

（5）旋擺腿

①旋擺腿踢單靶。（圖11）　　②旋擺腿踢雙靶。（圖12）

圖11　　　　　　　　　　　圖12

（6）劈　腿

①劈腿踢單靶。（圖13）　　②劈腿踢雙靶。（圖14）

圖13

圖14

（7）頂　腿
頂腿踢靶。（圖15）
（8）踩　腿
踩腿踢靶。（圖16）
（9）掛　腿
掛腿踢靶。（圖17）

圖15

圖16

圖17

（10）點　腿

點腿踢靶。（圖18）

（11）勾　腿

勾腿踢靶。（圖19）

（12）飛　腿

①飛彈腿踢靶。（圖20）

②飛踹腿踢靶。（圖21、22）

圖18

圖19

圖20

圖21

圖22

2. 雙人對踢靶

（1）邊腿對踢靶。（圖23、24）

（2）前蹬腿對踢靶。（圖25、26）

圖23　　　　　　　　　圖24

圖25　　　　　　　　圖26

（3）側踹腿對踢靶。（圖27、28）

（4）後蹬腿對踢靶。（圖29、30）

圖27

圖28

圖29

圖30

（5）彈腿對踢靶。（圖31、32）
（6）劈腿對踢靶。（圖33、34）

圖31

圖32

圖33

圖34

3. 高級技法擊打雙手靶

（1）左直拳＋右直拳＋右旋擺腿＋左邊腿。（圖35～38）

（2）左邊腿＋右擺拳＋左勾拳＋右邊腿。（圖39～42）

（3）右直拳＋右側踹腿＋左邊腿。（圖43～45）

圖35

圖36

圖37

圖38

圖39   圖40

圖41   圖42

圖43   圖44

圖45　　　　　　　　圖46

圖47

圖48

（4）左邊腿＋右栽拳＋
右頂膝。（圖46～48）

（5）右直拳＋左前蹬
腿＋右鞭拳。（圖49～51）

（6）左邊腿＋右邊腿＋
右直拳＋左邊腿。（圖52～
55）

圖49

圖50

圖51

圖52

圖53

圖54

圖55

圖56　　　　　　　　圖57

圖58　　　　　　　　圖59

4. 高級技法擊打雙腳靶

（1）左直拳＋右直拳＋右前蹬腿。（圖56～58）

（2）右邊腿＋左擺拳＋左撞膝。（圖59～61）

（3）左側踹腿＋右翻背拳。（圖62、63）

圖60

圖61 圖62

圖63 圖64

圖65 圖66

（4）右踩腳＋右勾拳＋左勾拳。（圖64～66）

圖67

圖68

圖69

圖70

（5）右擺拳＋左擺拳＋右頂膝。（圖67～69）

（6）右彈腿＋左鞭拳＋右劈拳。（圖70～72）

三、打靶的要點

（1）打靶要快速準確，兇狠有力，將「死靶」意化成「活人」去擊打。

（2）打靶應先練單種技術靶位，然後再過渡到組合技法靶位，並且在打擊組合靶位時要緊密連貫。

圖71 圖72

（3）打靶需要從定位靶打起，再逐步到打移位靶；先打進攻靶，再打防守反擊靶，隨著訓練難度的增加，打靶者的技術水準也會相應地得到提高。

（4）持靶者餵靶時要及時準確，並且持靶者的手臂肌肉在對手擊靶的瞬間要保持適度的緊張，以增加練習者的擊打效果。

（5）打靶訓練一般每組3～5分鐘，可進行6～8組。

（6）無論是拳打靶位還是腳踢靶位，都要擊打在手靶或腳靶的靶心位置上，以此來提高動作的準確性。

（7）打靶時要注意距離、方位、節奏和強弱等變化，以不斷提高練習者的實戰應變能力。

（8）手靶訓練與腳靶訓練要互換進行，手靶面積小，而且薄，適宜訓練速度和準確度；而腳靶訓練面積大，且有厚度，適宜訓練力度。兩種靶位訓練交替進行，有利於練習者打靶水準的提高。

第三節 抗打訓練

在散打比賽彼此拳來腳往的技擊對搏過程中，身體免不了要承受對手的擊打，若你具備優秀的抗擊打功夫，便能安然無恙，從而遊刃有餘地應對對手、制勝對手，否則會不堪一擊，屢遭敗果。

本套高級雙人抗打功是散打的高級功法，屬實戰對搏的精華內容。透過訓練雙人抗打功可以提升實戰膽力，使練習者在對戰時敢於承接來招，在瞭解身體要害部位的同時，提高動作的熟練性、準確性、防守能力和周身的抗擊打能力。

訓練抗打功時應遵循從簡到難，從輕到重，從少到多，從局部到全部的訓練原則。

一、雙人抗小臂功

雙方面對面站立，相距一手臂遠，屈膝蹲變成馬步，雙人均以右手臂由體側向體前揮擺，以小臂內側對抗互擊，接著雙手臂外翻向上揮擺至頭上方，以小臂外側對抗互擊；承上雙方右手臂由上向下裏擺，以右小臂尺骨外側對抗互擊，隨後雙方右手臂回擺至體前，以小臂橈骨側對抗互擊，同時左手臂自然擺動至體後方，目視右手臂。左小臂訓練與右小臂訓練方法相同，唯左右小臂不同。（圖1～4）

【要點與提示】沉身蹲步穩健，轉腰揮臂有力，鬆肩活肘，力達觸點，相觸對抗，呼氣發招，觸位肌肉緊收、

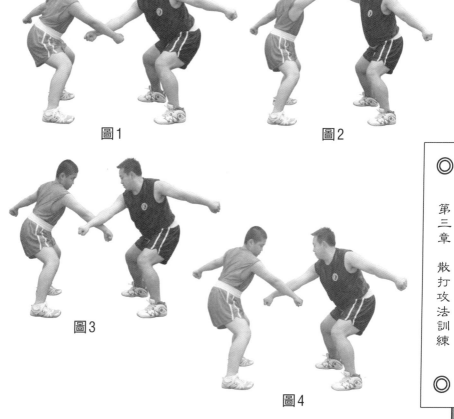

圖1　　　　　　　　　　　圖2

圖3

圖4

短促，意氣力相合。訓練力度、速度、次數要因人而異，循序漸進。

二、雙人抗臂功

雙方面對面站立，同時上右步蹲變成右弓步，甲方用右手臂依次向內、外、上、下4個方位與乙方手臂同動進

圖5

圖6

圖7

圖8

行對抗互擊，手臂高於肩位，目視右手臂，同時左手臂側擺體後。左手臂訓練與右手臂訓練方法相同，唯左右手臂不同。（圖5～8）

【要點與提示】雙方手臂錯位抗擊，準確有力，沉身穩健，轉腰揮臂發力，力達手臂觸點，活肩送臂，呼氣發招，相互抗擊，觸位肌肉收緊，意氣力相合。訓練力度、速度、次數要因人而異，循序漸進。

圖9

圖10

圖11

圖12

三、雙人抗拳功

　　雙方面對面站立，同時
上右步呈右弓步，同向體前
發雙衝拳對抗互擊拳面，接
著甲方雙拳錯位依次由上、
下、內、外4個方位與乙方
雙拳對抗互擊進行訓練，目
視拳方，甲乙雙方可互換訓
練次序。（圖9～13）

圖13

【要點與提示】沉身蹲步穩健，雙拳接位準確，鬆肩活臂，雙拳對觸時拳體握緊，呼氣發招，意氣力相合。訓練力度、速度、次數要因人而異，循序漸進。

四、雙人抗頭功

雙方面對面站立，同上右腳呈右弓步，雙手均放後背於腰部，先以頭前額處對抗互擊訓練，然後再依次進行頭右側、左側、頭頂及頭後等部位的換位訓練。（圖14～18）

【要點與提示】閉口合齒，對抗觸位準確，沉身弓步穩固，轉腰擺、頂頭發力，力達觸點，呼氣出招，意氣力相合。訓練力度、速度、次數要因人而異，循序漸進。雙人抗頭功分靜力和動力兩種，可交替進行訓練。

圖14

圖15

圖16

圖17

圖18

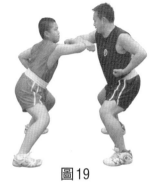

圖19

圖20

五、雙人抗肘功

（1）雙方面對面站立，相距半臂之遠，屈膝蹲變呈馬步，同時以右手臂屈盤成肘，甲方依次向外、下、上3個方位與乙方進行對抗互擊訓練，肘位高於肩平，同時左手臂屈肘回收腰間，目視對手。左肘訓練與右肘訓練方法相同，唯左右肘不同。（圖19～21）

圖21

圖22

圖23

（2）雙方背對背站立，雙腿屈蹲成馬步，身體依次向左、右後方轉身，同時雙肘平抬與肩高，向外用肘後部進行對抗互擊訓練。（圖22）

【要點與提示】盤肘夾緊，沉身蹲步穩固，轉腰活肩發力，力達肘部，對抗觸位準確，變位自然順暢，呼氣出招，意氣力相合。訓練力度、速度、次數要因人而異，循序漸進。

六、雙人抗胸功

（1）雙人面對面站立，均上右腳插至對方雙腳中間呈右弓步，同時雙手後背於腰間，以右胸部進行對抗互擊訓練，目視對手。左胸抗擊訓練方法與右胸訓練方法相同，唯左右胸部不同。（圖23）

【要點與提示】弓步沉穩，雙腳抓地，轉腰送肩發力，力達胸部，呼氣發招，意氣力相合。訓練力度、速度、次數要因人而異，循序漸進。

圖24 圖25

（2）雙方面對面站立，均上右腳上體左轉雙腿蹲變成馬步，同時發右橫擺掌拍擊對方胸部，進行對抗互擊訓練，隨之右腳後撤換左腳前上步，上體右轉雙腿蹲變成馬步，同時發左橫擺掌拍擊對方胸部，進行對抗互擊訓練，目視對方。（圖24）

【要點與提示】移步靈活，拍擊準確，轉腰蹬地，揮臂發力，力達觸點，意氣力相合。訓練力度、速度、次數要因人而異，循序漸進。

七、雙人抗腹功

雙方面對面站立，均上右腳插入對方襠下方呈右弓步，同時雙手後背於腰間，以腹部進行對抗互擊訓練，身體重心隨互抗前後移變，目視對方。（圖25）

【要點與提示】沉身弓步穩健，雙腳扣趾抓地，雙方對抗腹部軌跡呈直線，呼氣發招，力達觸點，意氣力相合。訓練力度、速度、次數要因人而異，循序漸進。

圖26   圖27

八、雙人抗肩功

雙方面對面站立，同上右腳呈右弓步，上體左轉，身
體相靠，以右肩進行對抗互擊訓練，同時雙手回握體前；
左肩抗擊訓練方法與右肩訓練方法相同，唯左右肩部不
同。（圖26）

【要點與提示】肩部觸位準確有力，身體重心隨對抗
前後移變，呼氣抗肩，力達觸點，意氣力相合。訓練力
度、速度、次數要因人而異，循序漸進。

九、雙人抗背功

雙方背對背，屈膝蹲變成馬步，雙手卡於腰間，以後
背進行對抗互擊訓練，目視前方。（圖27）

【要點與提示】沉身馬步穩健，雙腳扣趾抓地，背部對
抗時身體重心前後移變，含胸裹背發力，力達觸點，意氣力
相合。訓練力度、速度、次數要因人而異，循序漸進。

圖28　　　　　　　　　　圖29

十、雙人抗臀功

雙方背對背，屈膝蹲變呈高虛步，雙手卡於腰間，上體稍前傾，以臀部進行對抗互擊訓練，目轉視後方。（圖28）

【要點與提示】虛步穩健，雙腳趾抓地，觸位準確有力，身體重心前後移變要有節奏，力達觸點，呼氣抗臀，意氣力相合。訓練力度、速度、次數要因人而異，循序漸進。

十一、雙人抗大腿功

雙方面對面站立，相距半步之遠，均上提右腿，以大腿內側、外側及大腿面依次與對方右大腿進行對抗互擊訓練，同時雙手自然擺動體周，保持身體平衡，目視腿方。左大腿訓練與右大腿訓練方法相同，唯左右腿不同。（圖29～31）

圖30　　　　　　　　　　圖31

【要點與提示】雙腿對抗觸位準確有力，大腿變位自然順暢，且右腳不落地面，左支撐腳抓地牢固，轉腰活胯發力，力達觸點，呼氣抗腿，意氣力相合。訓練力度、速度、次數要因人而異，循序漸進。

十二、雙人抗小腿功

雙方面對面站立，相距半步之遠，均上提右腿以小腿內側、外側、腿面、腿肚4方位依次進行對抗互擊訓練，同時雙手隨擺體周，目視腿方。左小腿訓練與右小腿訓練方法相同，唯左右腿不同。（圖32～35）

【要點與提示】雙腿對抗觸位準確有力，大腿變位自然順暢，且右腳不落地面，左支撐腳抓地牢固，轉腰活胯發力，力達觸點，呼氣抗腿，意氣力相合。訓練力度、速度、次數要因人而異，循序漸進。

圖32　　　　　　　　圖33

圖34　　　　　　　　圖35

十三、雙人抗腳功

　　雙方面對面稍斜位站立，相距半步之遠，均上提右腿，以右腳內側、外側、腳尖、腳跟及腳底5個部位依次進行對抗互擊訓練，同時雙手隨動體周，目視腿方。左腳訓練與右腳訓練方法相同，唯左右腳不同。（圖36～40）

圖36

圖37

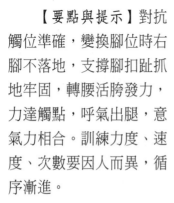

圖38

圖39

【要點與提示】對抗
觸位準確，變換腳位時右
腳不落地，支撐腳扣趾抓
地牢固，轉腰活胯發力，
力達觸點，呼氣出腿，意
氣力相合。訓練力度、速
度、次數要因人而異，循
序漸進。

圖40

圖41　　　　　　　　　圖42

十四、雙人抗胯功

雙方側身相對站立，右腳互站在對方右腿外側，以右胯部進行對抗互擊訓練，同時雙手隨動體周，目視胯部。左胯訓練與右胯訓練方法相同，唯左右胯不同。（圖41）

【要點與提示】對抗接位準確有力，身體重心前後移動，靈活沉穩，擺腰轉胯，力達胯部，呼氣擊胯，意氣力相合。訓練力度、速度、次數要因人而異，循序漸進。

十五、雙人抗膝功

雙方面對面站立，相距半步之遠，均上提右腿，以右膝部進行對抗互擊訓練，同時雙手隨動體周，目視膝部。左膝訓練與右膝訓練方法相同，唯左右膝不同。（圖42）

【要點與提示】對抗接位準確有力，身體重心前後移動，靈活沉穩，轉腰送胯，力達膝部，呼氣出膝，意氣力相合。訓練力度、速度、次數要因人而異，循序漸進。

圖43　　　　　　　　　圖44

十六、單人抗胸功

雙方面對面，甲方右腳上步呈右弓步，雙手後背於腰間；乙方上左步至甲方右腳外側呈左弓步，錯位進身，同時發右盤肘擊打甲方胸部，甲方進行抗擊訓練，目視肘方。左右肘可交換訓練，甲乙雙方可互換訓練。（圖43、44）

【要點與提示】乙方肘擊觸位準確，轉腰蹬地、疊肘送肩發力，力達肘部；甲方沉身蹲步穩健，呼氣抗肘，意氣力相合。訓練力度、速度、次數要因人而異，循序漸進。

【要點與提示】甲方呼氣抗擊來肘，胸部肌肉收緊，以增加抗擊力，雙腳扣趾抓地，弓步沉穩。訓練力度、速度、次數要因人而異，循序漸進。

散打高級技法精要

圖45　　　　　　　　圖46

十七、單人抗腹功

雙方面對面站立，甲方呈右弓步蹲樁不變，雙手後背於腰間；乙方側上左步至甲方右腳外側，發右膝撞擊甲方腹部，甲方進行抗擊訓練。乙方也可用頭頂撞甲方腹部進行抗擊訓練，同時乙方雙手隨擺體周，目視對手。甲乙雙方可互換訓練。（圖45、46）

【要點與提示】乙方膝部、頭部撞擊觸位準確，轉腰蹬地發力，力達膝、頭部；甲方沉身蹲步穩健，呼氣抗擊，意氣力相合。訓練力度、速度、次數要因人而異，循序漸進。

十八、單人抗肋功

雙方面對面站立，甲方雙腿屈膝蹲變成馬步，雙手臂屈肘於身體兩側，乙方在甲體前方發左、右邊腿依次踢擊甲方上體兩側肋，甲方進行抗擊訓練，同時乙方雙手隨邊

圖47　　　　　　　　圖48

腿擺至體周，目視腿方。甲乙雙方可互換訓練。（圖47、48）

【要點與提示】甲方沉身蹲步穩健，承接邊腿時呼氣，側肋肌肉收縮，以增加抗擊力；乙方邊腿轉腰裹腿發力，力達觸點。訓練力度、速度、次數要因人而異，循序漸進。

十九、單人抗背功

甲方雙腿屈膝蹲變成馬步，雙手握拳下抻於襠部，乙方站於甲方背後，發右邊腿踢擊甲方後背、後腰，甲方進行抗擊訓練，同時乙方雙手隨擺體周，目視腿方。左右邊腿應交換進行踢擊訓練，甲乙雙方可互換訓練。（圖49、50）

【要點與提示】甲方含胸裹背，馬步沉穩，承接邊腿時邊呼氣，背部肌肉收緊；乙方邊腿準確有力，力達腳背及小腿脛骨處。訓練力度、速度、次數要因人而異，循序漸進。

圖49　　　　　　　　圖50

二十、單人抗襠功

　　雙方面對面，甲方雙腿屈膝蹲變成馬步，雙手臂下抻於體前；乙方在甲方體前發右彈腿踢擊甲方襠部，甲方進行抗擊訓練，同時乙方雙手隨彈腿自然擺動，目視對手。左、右邊腿應交換進行踢擊訓練，甲乙雙方可互換訓練。（圖51）

　　【要點與提示】甲方沉身蹲步穩固，提襠吸氣；乙方彈腿由輕至重逐步增加踢擊力度，以甲方能承受為度，切不可猛踢，以防造成損傷。訓練力度、速度、次數要因人而異，循序漸進。

圖51

圖1　　　　　　　　　　　圖2

第四節　求力訓練

　　透過本套高級雙人求力訓練法，不但可以提高練習者的訓練興趣，深度開發自身力量素質，而且不受訓練條件的限制。特別是對於廣大散打愛好者來講，此功法更突顯了徒手實用性、訓練科學性及對練趣味性，是一套行之有效的徒手求力訓練法。

一、架人蹲起（主練腿部肌力）

　　甲雙腳開步下蹲，乙雙腿依次跨騎在甲頭頸處，同時甲雙手由外向內環抱乙左、右腿；接著甲直膝立腰進行架人蹲起訓練，乙雙手卡腰，目視前方。（圖1、2）

　　【要點與提示】蹲、起身垂立，抱膝牢固。雙方配合默契，架人由輕至重，訓練次數自定。

二、站人起身（主練腿部肌力）

甲雙腳開步下蹲呈馬步，乙由背後用左、右腳蹬站在甲大腿上，身體自然，雙手下垂，同時甲用雙手反抱乙左、右小腿；接著甲雙腿進行伸膝起身訓練，目視前方。（圖3）

【要點與提示】雙方配合一致，抱腿牢固。甲起身以乙不滑落為度，架人由輕至重，訓練次數自定。

圖3

三、仰身蹬人（主練腿部肌力）

甲仰身躺地，雙腿屈膝分開，雙手自然放於地面，同時乙挺身橫躺在甲雙腳底上；接著甲屈膝伸腿進行蹬人訓練，目視上方。（圖4、5）

【要點與提示】蹬位平衡，用力均等。初練時應由助手幫助，蹬人由輕至重，訓練次數自定。

圖4

圖5

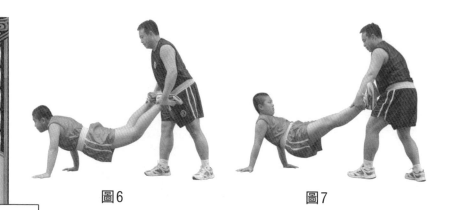

图6　　　　　　　　　　　图7

四、推人爬行（主練手臂肌力）

乙俯身用雙手爬撐地面向前行進，同時甲雙手分別抓抱乙左、右腳踝同向推進，目視前方。（圖6）

【要點與提示】雙方配合一致，抓腳牢固，手臂爬行有力，轉腰探臂。訓練距離由短到長，爬行次數自定。

五、拉人爬行（主練手臂肌力）

乙仰身用雙手爬撐地面向前行進，同時甲雙手分別抓抱乙左、右腳踝之後背向退行，目視前方。（圖7）

【要點與提示】雙方配合一致，抓腳牢固，手臂爬行有力，轉腰探臂。訓練距離由短到長，爬行次數自定。

六、雙人俯臥撐（主練手臂肌力）

甲俯身雙手、雙腳分開與肩寬撐地，身體挺直，乙反向疊撐在甲背上；接著同動合做俯臥撐，目視下方。（圖8、9）

圖8　　　　　　　　　　　圖9

圖10　　　　　　　　　　圖11

【要點與提示】雙方配合一致，負人由輕至重，呼吸自然。訓練次數自定。

七、坐人俯臥撐 (主練手臂肌力)

甲雙手臂、雙腳分開與肩寬撐地，身體挺直，乙盤腿坐於甲背上；接著甲屈伸肘關節進行俯臥撐訓練，目視下方。（圖10、11）

【要點與提示】負人由輕至重，呼吸自然，身體呈水平起落。訓練次數自定。

圖12　　　　　　　　　　　　圖13

八、對頂俯臥撐（主練手臂肌力）

甲仰身躺在地面上，雙腿屈膝分開，雙手臂直肘向斜上推頂，乙立身前傾，腳掌撐地，同時左、右手對握甲雙手進行屈伸肘俯臥撐訓練，目視前方。（圖12、13）

【要點與提示】對握手有力，雙方下壓、上頂配合一致。訓練次數自定。

九、推人起落（主練手臂肌力）

甲仰身躺在地面上，雙腿屈膝分開，雙手臂直肘上推乙胸部，乙雙腳併攏，上體立腰前倒，雙手下垂；接著甲屈伸雙手臂反覆進行推人起落訓練，目視前方。（圖14、15）

【要點與提示】雙手用力均等，呼吸自然，推胸穩固。訓練次數自定。

十、蹬背起落（主練腿部肌力）

甲仰身躺地，雙腿屈膝收腳，雙手撐地，同時乙挺立

圖14

圖15

圖16

圖17

身後倒，身體落於甲雙腳上；接著甲雙腿屈伸反覆進行蹬人起落訓練，目視前方。（圖16、17）

【要點與提示】蹬背平衡，力達腳底。訓練次數自定。

十一、抱人起落（主練腰背部肌力）

乙屈蹲於甲體前，用雙手分別抱握自己的左、右腳踝，甲俯身用雙手環抱乙膝窩；接著挺身展腹抱提乙，進行起落反覆訓練，目視前方。（圖18、19）

【要點與提示】提抱牢固，挺、俯身幅度大，乙背部

圖18

圖19

圖20

圖21

緊貼甲腹部。訓練次數自定。

十二、提拉人起（主練腰背部肌力）

乙俯臥地面呈俯臥撐，甲在乙身體旁邊橫蹲，雙手搭扣，然後雙腳蹬地挺身展腹，向上提拉乙進行反覆訓練，目視前方。（圖20、21）

圖22　　　　　　　　　　圖23

【要點與提示】提拉牢固，挺身幅度大，下落時乙可順勢用手、腳撐地。訓練次數自定。

十三、抱人反身挺起（主練腰背部肌力）

乙雙手俯撐地面，雙腳後伸交叉搭於甲背後，同時甲用雙手摟抱乙左、右大腿；接著乙雙手抱頭，做反身挺起訓練，目視前方。（圖22、23）

【要點與提示】抱腿有力、穩定，起落身幅度明顯。訓練次數自定。

十四、抱頸移位（主練頸部肌力）

雙方對坐地上，用雙手相互摟掛對方的頭頸處，雙腳對插於對方的臀部下，接著雙方依次回拉對方頭頸，同時一前一後配合移動腳步反覆進行訓練，目視前方。（圖24、25）

【要點與提示】抱頸、移腳同動一致，前後方向可互

圖24　　　　　　　　　　　圖25

圖26　　　　　　　　　　　圖27

換進行。訓練次數自定。

十五、靠背蹲起（主練腿部肌力）

　　雙方背靠背站立，兩人雙手臂分別相互勾扣，接著進行屈膝蹲起訓練，目視前方。（圖26、27）

 圖28　　　　　　　　　圖29

【要點與提示】靠背緊密，蹲起一致，身體垂直。訓練次數自定。

十六、抱腿仰身起（主練腹部肌力）

雙方面對面，乙將雙腿盤插在甲腰部或頭頸處，然後進行仰身起落訓練，同時甲雙手反抱或正抱乙雙腿，目視前方。（圖28、29）

【要點與提示】抱腿有力，挺身仰頭，起身明顯。訓練次數自定。

十七、端人行走（主練臂部肌力）

甲用雙手抄抱平端乙在體前，乙挺身展腰；接著甲進行走步訓練，目視前方。（圖30、31）

【要點與提示】端人保持平衡，行走場地選擇平坦寬敞處。行走距離自定。

圖30　　　　　　　　　圖31

圖32　　　　　　　　　圖33

十八、背人跑步（主練腿部肌力）

　　甲將乙背在背上，同時用雙手反抱乙左、右腿，然後進行背人跑步訓練，目視前方。（圖32、33）

　　【要點與提示】抱腿有力，雙方腰背貼緊。跑距長短自定。

十九、扛人行走（主練腿部肌力）

甲左手抓握乙右手臂，右手穿抱其右大腿，將乙橫扛於肩膀上，然後進行扛人行走訓練，目視前方。（圖34）

【要點與提示】扛人呈水平，抱握牢固，行走平穩。走距自定。

圖34

二十、對頂推手（主練臂部肌力）

雙方面對面蹲成左弓步，同時相互對握雙手，然後依次進行左、右臂屈伸對頂推手訓練，目視前方。（圖35、36）

【要點與提示】對握手有力，蹬地轉腰，送肩發力。訓練次數自定。

圖35　　　　　　　　　　圖36

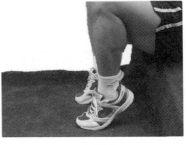

圖37　　　　　　　　　　圖38

二十一、架人提踵（主練腿部肌力）

甲坐在臺階上，雙手卡腰，乙雙腿盤坐在甲大腿上；接著甲雙腳蹬地，腳跟提離地面，進行提踵訓練，目視前方。（圖37、38）

【要點與提示】提踵一致，呼吸自然。訓練次數自定。

二十二、背上仰身起（主練腹部肌力）

甲跪撐地面，雙手臂伸直，乙騎坐在甲背上，雙手抱頭，同時左、右腿勾別在甲的左、右腋窩處，進行仰身起落訓練；亦可反向用雙腳勾別在甲左、右大腿內側，進行仰身起落訓練，目視前方。（圖39～42）

【要點與提示】跪撐有力，拱背挺腹，勾腳牢固，起落身幅度明顯。訓練次數自定。

圖39

圖40

圖41

圖42

二十三、穿襠過背（主練腹背部肌力）

　　乙雙腳開步站立，甲蹲身用頭穿其襠，雙手抱控乙左右腳；接著甲立身展腹將乙從背上翻落地面，同時乙雙手撐地，甲隨之放手，如此反覆訓練，目視前方。（圖43、44）

　　【要點與提示】相互配合一致，含胸拔背，抓腳牢固，貼背翻滾。訓練次數自定。

圖43

圖44

圖45

圖46

二十四、勾臂過背（主練腹背部肌力）

　　雙方背靠背站立，兩人雙手臂相互勾掛；接著甲俯身將乙從後背掛臂翻落在地，目視下方。（圖45～47）

圖47　　　　　　　　圖48

【要點與提示】配合一致，含胸拔背，貼背翻滾自然。訓練次數自定。

二十五、雙人爬行（主練臂部肌力）

甲跪撐地面，乙仰身用雙腳別勾在甲左、右腋窩處，同時乙雙手反撐地；接著雙方同動向前進行反覆爬行訓練，目視前方。（圖48）

【要點與提示】爬行協調一致，拱背含頭，展腹收臀。爬行距離自定。

二十六、推胸仰身起（主練腹背部肌力）

乙躺臥地面，雙手抱頭分別由正、側、後等不同體位做仰身起坐，同時甲坐騎於乙的雙腿上，使用雙手抗力阻礙乙起身，目視前方。（圖49～54）

【要點與提示】起身有力，阻力由小至大。訓練次數自定。

圖49

圖50

圖51

圖52

圖53

圖54

圖 55

圖 56

二十七、雙人蹬腿（主練腿部肌力）

雙方同坐地上，左、右手撐扶於身體兩側，同時上體稍後傾，四腳對觸；接著左、右腿依次進行屈伸腿對蹬訓練，目視前方。（圖 55、56）

【要點與提示】觸位準確，對蹬腿的力量由小至大。訓練次數自定。

二十八、雙人絞腿（主練腿部肌力）

雙方坐於地上，左、右手撐扶於身體兩側，同時上體稍後傾，左、右腳互搭內外進行立圓絞繞訓練，目視前方。（圖 57、58）

【要點與提示】觸位準確，絞繞腿相互給予適度的阻

圖57

圖58

力。訓練次數自定。

二十九、抱人側起身（主練側肋部肌力）

甲自然開步站立，乙雙手摟抱甲頭頸，且雙腳勾掛於甲腰部，同時甲雙手抱控乙右腿，然後進行側起身訓練，目視前方。（圖59、60）

【要點與提示】抱頸夾腰牢固，側起身幅度明顯，頭頸領勁。訓練次數自定。

三十、腿上掛人（主練頸部肌力）

甲屈膝蹲步，雙手卡腰，乙雙腳分別踩在甲的大腿面上，且雙手摟掛於甲頭頸處，身體後傾，進行腿上靜止掛人訓練，目視前方。（圖61）

圖59　　　　　　　　圖60　　　　　　　　圖61

圖62　　　　　　　　　　　圖63

【要點與提示】掛頸、蹬腿相合一體，沉身領頭有力。訓練時間由短至長，雙方可互換訓練。

三十一、腰間涮人（主練手臂、腰部肌力）

甲雙腳開立，將乙反抱在腰間，然後可以沿順時針或逆時針方向倒換雙手將乙涮繞於腰間，目視對手。（圖62、63）

171

圖64

【要點與提示】雙手抱人
有力，換把靈活。初練時可在
軟墊子上進行，抱人由輕至重，訓練次數自定。

圖65

三十二、雙人對拉手（主練手臂、腰部肌力）

雙方面對面蹲身站立，相互扣搭雙手，上體前傾，臀
部後移，進行較力爭拉訓練，目視對手。（圖64）

【要點與提示】扣手有力，回拉手與後移身協調。每
次訓練以任何一方的腳移動而告負，然後可重新開始，訓
練次數自定。

三十三、雙人爭抱（主練手臂、腰部肌力）

雙方面對面交叉開步站立，雙手臂相互環抱於對方腰
背處，然後乙方用力提抱甲，甲則沉身墜力抗爭，進行反
覆訓練，目視對手。（圖65）

【要點與提示】甲沉身墜臀，乙挺身拔背。雙方可以
互換訓練內容，訓練次數自定。

圖66

圖67

三十四、雙人倒立（主練手臂、腰部肌力）

乙呈倒立，甲站在乙背後雙手扶握乙雙小腿處；接著甲可以用下推或上拉兩種方法配合乙倒立雙手臂屈伸訓練，目視下方。（圖66、67）

【要點與提示】用力適度，扶控腿配合一致。訓練次數自定。

三十五、提人換位（主練手臂、腰部肌力）

甲開步站立，乙併步站在甲體左側，然後甲雙手搭扣提抱乙腰部在空中呈立圓翻轉一周放於體右側，可提人換位反覆訓練，目視對方。（圖68～70）

【要點與提示】轉腰有力，搭扣牢固，乙挺身併步配合一致。提人由輕至重，呼吸自然。

圖68　　　　　　　　　　　　　　圖70

圖69

第五節　擊破訓練

一、擊破的作用

　　擊破訓練是現今許多散打練習者容易忽視的內容，其實真正瞭解和掌握擊破功夫是十分有必要的。擊破是指練習者經過長期的刻苦訓練，利用拳、腿、肘、膝等技法，配合一定的技巧來擊破諸如木板、磚塊、鐵條、酒瓶、瓦片等物品的一種真功夫。練習擊破可以增加練習者的興趣，提高實戰自信心，並在實戰中發揮出威力。擊破也是檢驗自身功力的一種方法，擊破訓練對培養練習者的吃苦精神、堅強的毅力和進取心都是非常有益的。所以，每位散打練習者都應該加強擊破技術的學練。

二、擊破訓練的要點

（1）擊破訓練需要練習者練就「三度」的功夫，即力度、速度和硬度。

（2）擊破訓練要從最簡單、最容易的練起，切不可心血來潮，急於求成。要循序漸進地增加擊破的難度，例如腳踢木板，剛開始訓練時，可以從一塊木板踢起，同時要加強保護措施，即在腳上配戴護腳，隨著功力的增長，再過渡到赤腳踢擊破斷數塊木板等。

（3）選用擊破物時，要注意其表面的平整性和光滑性，否則會造成接觸部位的損傷。

（4）擊破時，練習者要特別注意內勁、內氣和內意三者的高度配合，如此才能將自己的潛能發揮到極致，使擊破成功。

（5）擊破技術難度較大，練習者最好在有經驗的教練或擅長擊破的同伴指導和幫助下進行訓練。

（6）擊破發招前一定要極度地放鬆身體，在擊中目標時瞬間驟然用力，且發力方向與被擊物成直角，因為斜向或橫向發力會產生分力，擊破不易成功。

第六節　實戰訓練

一、打實戰的作用

打實戰是散打的最高階段，也是最有效、最為艱難的訓練方法。它包括條件實戰和自由實戰（包括教學實戰和

比賽實戰），條件實戰是一種加入條件限制的實戰方法，如允許一方進攻，另一方只能防守或防守反擊。條件實戰一般分有拳法實戰、腿法實戰、摔法實戰以及拳法與腿法的實戰、腿法與摔法的實戰等內容，它可以提高技術、戰術水準，培養練習者的反應和應變能力，同時還能強壯膽力，提升自信心。

自由實戰是指在散打規則的限制下，雙方進行自由對搏，具有對抗激烈性、技戰術無序性以及比賽勝負多變性等特點，是檢驗和提高練習者技術、戰術的必要方法，而且也是總結和積累實戰經驗的有效措施，透過自由實戰還能從中發現自身的不足，並進行修正，以不斷提高自身自由實戰的能力。

二、打實戰的要點

（1）打實戰先要從條件實戰開始，然後再過渡到教學實戰，最後進入比賽實戰，這樣可使練習者的實戰能力循序漸進地提高，並形成良性發展。

（2）在條件實戰時，必須嚴格按照預先規定的要求進行，決不要隨心所欲，亂打狠拼，以免損傷的發生。

（3）在打實戰時難免會發生擊傷、踢傷和摔傷等情況，所以要及早在心理上做好準備，以便有一定的承受能力。

（4）打實戰要適時、適度地進行，不可過早，也不可過頻，否則會造成練習者厭戰或害怕打實戰的不良心態。一般打實戰要在練習者掌握了基本技戰術之後才能進行，且每週進行1～2次為宜。

（5）打實戰時必須配戴好所有護具，如護襠、護齒、拳套及護身等，以求保護措施的最大化，從而避免和減少損傷的發生。

（6）無論是教學實戰，還是比賽實戰，都提倡與不同技戰術風格的對手對壘，以此來培養自身的實戰能力和積累寶貴的實戰經驗，這也是一個優秀散打選手必須具備的素質。

（7）在打教學實戰時，不要斤斤計較得分與勝負，而應該把精力放在大膽使用技術動作上，以著重培養自身的實戰能力為主要目的。

第四章
散打基礎理論

第一節　散打概述

散打是按照一定的競賽規則，運用武術中的踢、打、摔等攻防技法進行徒手對抗的一種現代競技體育項目，是中國武術內容的重要組成部分。散打，又稱散手，俗稱「打擂臺」。

一、散打的起源與發展

在散打的發展過程中，經歷了相當長的歷史時期。散打在歷代有著不同的稱謂，如角力、相搏、手搏、卞、白打、拆手、拍張、相散手、技擊等。

1.古代散打的歷史變遷

散打的起源，可以追溯到遠古時期我國先民的生產活動。在當時工具還不發達的情況下，人類為了生存，經常與野獸進行赤手空拳的搏鬥，並逐步形成了拳打、腳踢、躲閃、跳躍、摔跌等動作以「手格猛獸」。隨著私有制的

出現和部落間戰爭的頻繁發生，人與人之間的格鬥技也得到了發展，這可以說是最早的一種散打雛形。

商周時期，武術「徒手搏擊」已得到了進一步的發展。如《周禮·夏官·環人》中記載：「環人搏諜賊」。「搏」在這裏是拘捕的意思。《禮記·月令》記載「孟秋之月……禁止奸罪邪，務搏執。」這是西周奴隸主貴族為防止奴隸的反抗暴動，讓司法人員重視搏執的練習。又據西周金文史料記載：「夫有文無武，不足以威天下；有武無文，民畏不親；文武俱行，威德乃成。」此記載足以表現出當時所倡導的「文武皆備」之教育理念。

到了春秋戰國，「相搏」已較為普遍，在「相搏」攻防技術中，除擊法外，摔法、拿法也有發展。如《公羊傳》中記載：「萬怒，搏閔公，絕其脰。」「絕其脰」就是擒拿中的鎖喉法。又如《荀子·議兵篇》記載：「若手臂之捍頭目，而覆胸腹也，詐而襲之與先驚而後擊之。」從中可以看出，此時已有了驚上取下、佯攻巧打的戰術運用。

秦漢時期，「相搏」叫「手搏」，比賽已比較正規。1975 年在湖北江陵縣鳳凰山出土的秦墓中發現了一個木篦，在其弧形背面就有彩繪的「手搏」比賽場面。畫面上有三個男子，均著短褲，腰間束帶，足登翹頭鞋。其中兩人正在進行「手搏」比賽，第三個人雙手前伸，作出裁判的姿勢；臺上掛有帷幕飄帶，表示比賽是在臺上的帷幕中進行的。整個畫面熱烈緊張，其形象栩栩如生，惟妙惟肖。《漢書·本紀》載：「元封三年春，作角抵戲，三百里內皆觀。」足見角抵在民間受喜愛的程度。

隋唐五代時，手搏、角抵備受重視，比賽幾乎形成了

制度。尤其是唐代武舉制的實行，更使得這個項目得到了發展。手搏、角抵在社會上開展得很普遍，上至帝王將相、下至庶民百姓都很喜歡這個項目。

隋唐五代時的手搏、角抵比賽已形成大體規則，不分體重級別，沒有護具，赤身短褲，多在方形的臺子上進行，雖犯規處罰不明顯，但獲勝者都要給予重獎。

兩宋時期，手搏在民間更為流行，每年都要舉行「擂臺爭跤」的比賽。儘管在當時這種擂臺爭跤還不是很成熟，但它已是中國古老的武術對抗競賽形式，而且我國較早記載角抵、手搏的武術專著《角力記》也是在這一時期問世的。

元代，民間武藝受到了較大的摧殘。統治階級為了維護其統治，嚴禁百姓練武，規定「民習角抵，槍棒罪」。連民間私藏武器也要治罪，那時人們多是冒著生命危險，以秘密家傳的方式在暗中傳承著武藝。

明代，手搏多稱為白打或打擂臺。這一時期是武技集大成的發展時期，民間的打擂臺比武之風盛行。賽前，先設擂主，由擂主安排好高手準備應戰。為避免糾紛，凡來較量高低的人，臨場立好「生死文書」，然後上「獻台」攻擂。擂臺兩側的楹聯為「拳打南山猛虎，腳踢北海蛟龍」，以渲染比賽氣氛。比賽由「佈署」主持，並規定「不許暗算」，先敗下臺的為輸。勝者可獲得銀盃、彩緞、馬匹等獎品。

到了清代，伴隨著農民運動及秘密結社組織，出現了不少練武的「社」「館」。尤其是「白蓮教」「義和團」「太平天國」等農民組織，對武技的發展和影響巨大。特別是清代設立了專門挑選擇跤搏鬥高手練習的習武機構

——「善撲營」，促進了搏鬥武技的成熟。

民國初年，習武開禁，拳技之風蓬勃一時，當時以霍元甲及其創辦的精武體育會最為著名，對武術的推動起了很大的作用。

1927年，南京成立了中央國術館，此後在國內相繼建立了國術館達300多個，一些軍隊和大學都開設了國術課，許多武術家受聘任教，並培養出了一大批武術人才。

1928年10月28日，中央國術館在南京舉辦第1屆國術國考，為期10天。國考對抗項目設有散手、短兵、長兵、摔跤等，比賽採取單敗淘汰制，三局兩勝，在長方形的場地上進行，打法不講流派，不以體重分級，臨時抽籤分組比賽，其規則是：不戴任何護具，凡用手、肘、腳、膝擊中對方任何部位得1點，擊中對方眼部、喉部、襠部為犯規，犯規3次取消比賽資格。嚴重者1次即取消資格。

1929年初，為展示當時武林界各門派的真功夫，由中央國術館副館長李景林倡導並發起第一次全國性的國術表演及比賽大會。在徵得武林界的一致贊同後，在杭州的浙江省國術館舉辦了「國術遊藝大會」，從12個省及4個特別市篩選出345人參加了大會，其中參加散手比賽的有125人，評判委員會26人，監察委員會37人。散手比賽分4組，參加比賽者均著大會統一的灰色布短裝，紮腰帶，分為紅白兩色，擂臺高1.3公尺，長20公尺，寬18.6公尺。比試雙方在擂臺中央劃定的粉圈上相對而立，等裁判長鳴第一聲笛後，雙方各上前行一鞠躬禮，再鳴笛即開始比賽。比賽期間，規則曾先後作了幾次變更，一次比一次簡單。規則規定不準挖眼睛、掐扼喉嚨、打太陽穴和取陰部等。

1933 年，中央國術館在南京舉辦了第二屆國術國考，比賽項目有男女短兵、男女散手、中國式摔跤、國際拳擊。散手以點到為止，沒有時間限制，凡用手或腳踢擊中對手任何部位得 1 點，有的參賽者只用腳尖踢中對手或用手指摸到對手頭髮也算得 1 點，故雙方均不敢輕易進攻，只是躲躲閃閃，蹦來跳去，被當時的報紙評論為「國術場成了鬥雞場」。

1933 年，在南京舉辦的「全國運動大會」仍設有散手項目，比賽以性別分組，按體重分級，並用打棒球的護胸和踢足球的護腿作為護具，頭和襠部是禁區。擊中禁區者算做犯規，將對方擊倒勝一局，比賽採取三局兩勝制，沒有時間限制。隊員為了將對手打倒取勝，比賽近似於摔跤，一對選手比賽有的竟達 1 小時以上，被當時的報紙又評論為「國術場成了鬥牛場」。

2. 現代散打的發展

（1）散打在國內的發展

1949 年新中國成立以後，武術套路被列為重點推廣項目，武術散打只在民間流傳。

1953 年 11 月，在天津舉行的全國民族形式體育表演及競技大會上，散手被列為表演項目。

1955 年，由於中國拳擊比賽出現了傷亡事件，對於易發生損傷的對抗項目不被國家所提倡，故散打研究終止，散打的發展陷入了低谷。

1966 年至 1976 年，「文化大革命」使新中國的武術發展進一步走向畸形，武術被規定絕不準論技擊，此時的散

打處於低谷。

1978年，黨的十一屆三中全會以後，隨著改革開放政策的落實，體育界也迎來了「百花齊放，百家爭鳴」的喜人局面，武術又開始在全國各地蓬勃發展起來。

1979年3月，隨著全國武術熱的興起，原國家體委決定在浙江省體委、北京體育學院、武漢體育學院3個單位進行武術散手項目試點。

1979年5月，在廣西南寧舉行的全國武術觀摩交流大會上，由浙江省體委、北京體育學院、武漢體育學院3個單位進行了散手彙報表演。

1979年10月，在第四屆全運會上，原國家體委調浙江省和北京體育學院散手代表隊赴石家莊賽區，與河北省體委選拔組成的散手隊進行公開表演。這時的散手比賽不設擂臺，只在地上畫一直徑為6公尺的圓圈，出圈即為出界，相當於現在的下擂臺。

1980年10月，原國家體委調集試點單位的有關人員開始擬定《武術散手的競賽規則》（徵求意見稿），後經修改，於1982年制定了《武術散手競賽規則》（初稿），並按此規則在北京體育館舉行了全國武術散手邀請賽。自此，散手按照「積極、慎重、穩妥」的精神發展，同時每年舉行一次「全國武術對抗性項目（散手）表演賽」。

1983年至1987年，先後在南昌、濰坊、太原、哈爾濱等地舉行了武術散手的表演賽。

1988年9月，在甘肅省蘭州市舉行的全國散手比賽中，首次進行設台比賽，台高60公分，長8公尺，寬8公尺，中心有一個醒目的太極圖案，突出了武術的民族特點與

風格。從此，散手以擂臺的形式進行比賽被確定下來。

1989年4月，首屆全國散手教練員培訓班在北京舉行，來自全國各省、市的教練員59人參加了培訓。同年10月，在江西省宜春市舉行了第一次武術散手正式比賽，即全國武術散手擂臺賽。這次比賽正式採用了《武術散手競賽規則》，並且散手被正式批準為競賽項目，這是武術散手發展史上的一個轉折點，標誌著武術散手進入了一個新的階段。

1990年，為了鼓勵散手運動員勤學苦練，迅速提高運動技術水準，原國家體委正式頒佈了《武術散手運動員技術等級標準》。

1991年，全國武術散手比賽分為上半年舉行的全國武術散手錦標賽（團體賽）和下半年舉行的全國武術散手錦標賽（個人賽）。從這一年起，產生了新的競賽體制。

1993年8月，第七屆全國運動會在四川成都舉行。散手首次成為全運會比賽項目，並設男子團體1枚金牌。

1994年8月，原國家體委武術研究院、中國武術協會主辦的「94中華武術散手擂臺爭霸賽」在廣州市擺擂決戰，誕生了中華人民共和國成立以來的第一位「武狀元」陳超。從此，開始了武術散手商業性比賽的探索。

1997年，第八屆全國運動會武術比賽在上海舉行。原國家體委對此次全運會競賽項目進行了調整，武術是此次全國運動會唯一被保留的非奧運會項目，共設金牌15塊，其中散手項目由七運會的1枚金牌升為3枚金牌。

1999年，為使武術散手進一步規範化，突出民族特色，經國家體育總局武術管理中心決定，將散手正式更名為「散打」。同年，在北京體育大學舉行的全國武術散打

錦標賽中，正式脫掉了護頭、護胸、護腿、護腳背等護具，只保留了護襠、護齒和拳套，這是武術散打史上從全式護具到點式護具的一次重大改革。

2000年，經過充分的醞釀，由中國武術協會主辦、北京國武體育交流有限責任公司承辦的中國武術散打王爭霸賽在北京正式開賽，這是中國散打進行的迄今為止最有力度的職業化改革，歷時3年，是賽期最長、影響力最廣的賽事，逐漸形成了一個品牌賽事。

2001年8月，第九屆全運會在廣東南海市舉行，武術散打的金牌增設到6枚。

2002年6月，全國武術散打錦標賽在大連舉行。來自全國40個單位的38支男隊和24支女隊近600名選手參加了比賽，這次比賽首次增設了女子項目，使武術散打項目在設置上更加完善。

2003年9月，全國武術散打冠軍賽（男子賽區）在河南鄭州舉行，共有42個代表隊的468名運動員參加了這次比賽，這是有史以來參賽隊伍和參賽人數最多的一次，經過兩天的激烈爭奪，11個級別的冠軍各歸其主。因比賽的激烈性和觀賞性很高，比賽門票價格高達百元。

2004年5月，在福建省體育中心舉行的全國男子武術散打錦標賽（團體）中，首次採用了新規則，即2004年版的《武術散打競賽規則》，增加了比賽的激烈程度，提高了裁判的可操作性。競技散打呈現出了群雄爭霸的局面。

2004年5月，在上海舉行了全國女子散打錦標賽。經過為期4天的激烈比賽，6個級別的冠軍都名花有主，其中上海隊榮獲團體第一名。

2004年12月，首屆中國武術散打俱樂部總決賽在福建泉州舉行，總獎金高達30萬元，無差別級冠軍楊曉靖獲2004年度中國武術散打俱樂部聯賽武狀元。

2004年12月，國家體育總局武術運動管理中心推出了又一全新賽事，即全國武術散打南北明星對抗賽在安徽合肥舉行。這次比賽是中國武術散打界近期最具規模的頂極賽事，也是2004年度的壓軸賀歲大賽。

2005年4月28日至30日，第十屆全運會女子武術散打預賽在河南省鄭州市舉行。

2005年5月11日至15日，第十屆全運會男子散打預賽在陝西省西安市舉行。

2005年10月19日至22日，第十屆全運會武術散打決賽，在江蘇省連雲港市淮海工學院體育館舉行。共有來自全國各省、市、自治區、解放軍以及行業體協的35支代表隊132名選手參加。經過4天一百多場廝殺，共決出男子六枚金牌和女子一枚團體金牌。其中，江蘇、四川、安徽、河南四支代表隊各得一枚金牌，浙江獨得兩枚，此外，本屆全運會首次引入了女子散打項目，並設一塊團體金牌。最終河南女隊藝壓群芳，摘得女子散打52公斤級、60公斤級、70公斤級小團體桂冠。

2005年12月2日至4日，第二屆中國武術散打俱樂部聯賽在北京開戰，全國34個俱樂部的190名選手參加了比賽。本次比賽分為資格賽、擂主冠軍賽、武狀元爭霸賽三個部分。本次比賽共分男子60公斤級、65公斤級、70公斤級、75公斤級、80公斤級、85公斤級、85公斤級以上及女子60公斤級等8個級別，最終決出2005年度的中國武

術散打「武狀元」。

2006年5月18日，全國武術散打錦標賽在江西南昌大學體育館拉開戰幕，比賽是由國家體育總局武術運動管理中心主辦，江西省體育局和南昌大學聯合承辦，南昌大學科技學院協辦。來自全國各地的48支代表隊共600多名武術散打優秀運動員齊聚南昌，此次比賽是中國武術最高級別和最高水準的全國性大賽，令人矚目。

2007年5月26至30日，「金牛蓋瑞杯」全國女子武術散打錦標賽在長春市體育館落下戰幕。來自全國各地的30餘支代表隊有近200名運動員，由國家體育總局武術運動管理中心主辦，吉林省體育局和吉林體育學院共同承辦，新疆金牛乳業集團協辦，比賽共設6個級別。經過一番爭奪，6枚金牌各有得主，分別是：48公斤級的吉林龔金蘭，52公斤級的吉林鄂美蝶，56公斤級的林業體協鄭倩倩，60公斤級的北京體育大學王貴賢，65公斤級的成都體育學院崔海霞，70公斤級的上海孫會。吉林代表隊榮獲團體第一名。

2007年6月22日至28日，由國家體育總局武術管理中心和山東省武術院聯合主辦的2007年全國男子武術散打錦標賽，在濟南皇亭體育館結束，11個單項級別的金牌各歸其主，安徽隊獲得團體總分第一名。本次比賽吸引了全國48支代表隊的300多名運動員參加，各級別成績前12名的選手將獲得本年度全國武術散打冠軍賽的參賽資格，並選拔出代表我國參加「2008年北京武術比賽」的參賽選手。

2008年3月30日，「大比武2008——中國武術散打功夫王爭霸賽」開賽，由國家武術運動管理中心主辦，黑龍江電視臺承辦，黑龍江省體育競賽管理中心和哈爾濱少林

武校協辦，是目前國內唯一由官方組織的頂級武術散打賽事。有來自北京、陝西、遼寧、黑龍江、北京體育大學等四十多個代表隊參賽。此次功夫王爭霸賽是國內最具權威、規模最大、歷時最長的武術散打賽事。各路散打高手將在70公斤級、80公斤級、90公斤級和90公斤級以上4個級別中，經過海選賽和擂主賽，決出4個級別的冠軍，優勝者可獲得巨額獎金。

2009年10月14日至17日，在山東菏澤舉辦第十一屆「好當家杯」全運會散打比賽。在為期4天的比賽中，7枚金牌被山東、河南、福建、陝西、上海、安徽6省代表隊瓜分。此次比賽設項分為男子50公斤級、58公斤級、67.5公斤級、77.5公斤級、87.5公斤級和87.5公斤級以上及女子52公斤級、60公斤級和70公斤級。本屆全運會女子散打項目只設一枚團體金牌。這次比賽中選手的動作規範、打擊力度、速度都有明顯提高，比賽精彩紛呈，緊張激烈。比賽中，沒有出現反判現象，先後倒地、雙方下臺等小錯誤的出現也降到了歷屆全運會以來的最低水準，裁判業務水準明顯提高。

2010年4月2日至5日，「藍帶啤酒」2010中國武術散打功夫王爭霸賽第一階段賽事在山東菏澤拉開戰幕。這是由國家體育總局武術運動管理中心主辦，聖方傳動國際體育交流（北京）有限公司承辦，是中國目前最頂級的武術散打個人聯賽，也是中國最具權威、規模最大、水準最高、影響最廣、獎勵級別最高的武術搏擊類賽事，賽事分為初賽、擂主賽、功夫王爭霸賽三個階段，整個賽事貫穿全年。共分5個級別，分別是男子75公斤級、80公斤級、

90公斤級、100公斤級和女子56公斤級，比賽除了拳套外不穿戴護具，打滿3局，每局3分鐘，實行單敗淘汰制。該賽事是在全球唯一授權的頂級武術散打個人聯賽，同時也是最具觀賞性、競技性、對抗性的大型武術散打商業賽事。

2010年8月4日至8日，「西鳳酒杯全國武術散打冠軍賽」在陝西省寶雞市開賽。來自全國各省、自治區、直轄市、行業體協、體育院校的45支代表隊，參加選手共210名，其中男選手130名、女選手80名。這些參賽選手都是上半年全國武術散打錦標賽中各個級別前12名的散打高手。本次比賽設男子11、女子7共18個級別。本次冠軍賽同時還是廣州第十六屆亞運會的選拔賽。比賽由國家體育總局武術運動管理中心主辦，陝西省體育局和寶雞市人民政府承辦，陝西武術運動管理中心和寶雞市體育局協辦，同時本次比賽得到了陝西西鳳酒集團股份有限公司的大力贊助。

2010年8月27日，中國武術散打超級聯賽（CKA）在陝西渭南的華山之巔拉開戰幕。CKA聯賽是中國第一個大規模的武術散打聯賽，去年，該聯賽共有6支隊伍參加，今年的CKA聯賽又增加了國內武術運動開展比較好的福建和浙江兩個省份。參賽隊伍分別來自北京、廣東、河南、山東、安徽、浙江、江蘇、福建。除了隊伍擴充外，今年的賽制也進行了改革，去年的比賽採取的是循環積分賽制，今年賽制將變為南北地區對抗的形式，選手依體重分為65公斤級、70公斤級、75公斤級、80公斤級、85公斤級5個級別，採用團體之間的單循環淘汰賽制，最終決出總冠軍。總決賽由南方冠軍對陣北方冠軍，全年賽事16場，場次比去年大幅縮減。

CKA中國武術散打超級聯賽是由國家體育總局武術運動管理中心和中國武術協會主辦，中國武術散打超級聯賽組委會、北京東方武聯體育文化有限公司組織承辦的國家級體育賽事。

為使新賽事在視覺效果上有一個質的飛躍，進一步營造主場氣氛，吸引社會的關注和觀眾的參與，承辦方專門推出CKA聯賽賽場包裝計劃，除了賽事必備的燈光、音樂、美術效果外，更加注重文化內涵及時尚色彩，突出中華武學的獨特魅力，力爭使新賽季以更新的面貌展現在公眾面前，使更多人關注、重視、喜愛中國武術散打運動。

2010年10月12日，在廣東肇慶隆重進行了「藍帶啤酒」2010中國武術散打功夫王爭霸賽，經過4月份和9月份兩個階段的角逐，已產生4個級別的冠軍：陝西的冷鑫（75公斤級）、青海的付高峰（80公斤級）、北京的黃磊（90公斤級）和廣東的王強（100公斤級）。最終，黃磊獲得本年度中國武術散打功夫王爭霸賽最高榮譽的「王中王」稱號和百萬元巨獎，此次也是他第二次成功衛冕。

（2）散打在國際的發展

1984年10月，根據原國家體委「把武術積極穩步推向世界」的方針，從1985年開始，在國際武術聯合會籌備委員會推動下，先後成立了歐洲武術協會、南美洲武術功夫聯合會、非洲功夫聯合會及亞洲武術聯合會等世界武術組織，這為武術在世界的進一步發展奠定了堅實的基礎。

1988年，中國武術研究院與中國武術協會在深圳舉行了國際武術節，並首次舉行了國際武術散手擂臺賽，來自15個國家和地區的近60名選手參加了比賽，結果中國隊以

5人參賽獲得了7個級別中的5個冠軍,同時首次向世界展示了中國武術散打的風貌。

1990年10月3日,國際武術聯合會在北京正式成立(IWUF),標誌著武術的發展進入了一個新時期。

1991年10月,在北京舉行了第一屆世界武術錦標賽,共有40個國家和地區的500餘名運動員參加了比賽,散手被列為表演項目。

1993年10月,在馬來西亞首都吉隆坡舉行了第二屆世界武術錦標賽,53個國家和地區的600多名運動員參加了比賽,散手第一次被列入世錦賽正式比賽項目。

1995年、1997年、1999年、2001年、2003年分別在美國巴爾迪摩、義大利羅馬、中國香港、亞美尼亞埃里溫和中國澳門舉行了第三屆至第七屆世界武術錦標賽,並在第七屆世錦賽中增設了女子散打項目。

1996年,在菲律賓舉行的第四屆亞洲武術錦標賽上,散打被列為正式比賽項目。

1998年,在泰國曼谷舉行的第十三屆亞運會上,散打又被列為正式比賽項目,並設5枚金牌。

1999年12月,中國功夫對美國職業拳擊爭霸賽在美國猶他市舉行,中國功夫以7比2戰勝對手。這是散打首次在國外進行的商業比賽,在國際上產生了強烈的反響。

2000年7月,中國功夫和美國職業拳擊爭霸賽在中國廣州天河體育館舉行。中國功夫與美國職業拳擊再度交鋒,中國功夫以6比3再度獲勝。

2001年9月,首次中泰搏擊對抗賽在廣州舉行,中國散打以5比2取得了勝利,終結了泰拳500年不敗的神話歷

史。

2001年12月，在泰國舉行的中泰博擊對抗賽展開了兩番大戰，結果中國散打以1比4敗給泰拳。

2001年12月，中國武術散打對法國自由搏擊爭霸賽在陝西西安舉行，中國散打以6比1獲得了勝利。

2002年2月，國際武聯在國際奧委會第113次全會上得到正式承認，武術同時成為國際奧委會承認的項目。

2002年7月，第一屆世界盃武術散打比賽在中國上海舉行，來自16個國家和地區的44名散打高手爭奪11個級別的冠軍，中國隊以8人參賽、最後奪取6枚金牌的佳績名列榜首。

2002年9月，在中國廣州舉行的第三屆「藍帶杯」中泰博擊對抗賽中，中方再度以6比1取得了勝利。

2003年8月，第四屆中國功夫對泰國職業泰拳爭霸賽在泰國舉行，結果中國隊以3比2獲勝，其中，中國隊員寶力高成為中國功夫與泰拳對抗中，第一個將對手技術性擊倒的選手。

2003年12月，在北京工人體育館舉行了世界散打爭霸賽，是由世界自由搏擊冠軍代表隊和中國散打王代表隊上演的一場激情四射的世紀豪決。中國隊以4比0完勝對手，首次將國際自由搏擊聯合會（IKF）的金腰帶留在了中國，留在了北京。

2004年11月，第二屆世界盃武術散打比賽在中國廣州舉行。來自19個國家和地區的68名散打高手爭奪17個級別的冠軍，並首次增設了女子項目。中國隊共派11人參賽，最終奪得了10枚金牌。

2005年，國際武聯會員達到了106個，並起草擬定《國際武聯職委會工作條例》和《國際武聯財物管理辦法》。

2005年12月10日至14日，在越南首都河內的群馬體育館舉行第八屆世界武術錦標賽，來自64個國家和地區的近千名運動員參加了比賽，本次比賽共設有武術套路（男、女）22個項目和散打（男、女）18個級別的比賽，中國武術散打代表團共參加男子散打6個級別和女子4個級別的比賽，且獲得了團體第一名的好成績。

2006年5月13至16日，由亞洲武術聯合會主辦、中國澳門武術總會承辦的第七屆亞洲武術錦標賽在澳門塔石體育館舉行，來自22個國家和地區的230多名運動員參加角逐。此次賽事的套路比賽包括22個項目，散打比賽男女共12個級別，中國運動員參加了套路比賽中的12個項目和全部散打比賽。

2006年12月14日，第十五屆多哈亞運會武術散打比賽決出5枚金牌。中國隊參賽的4位選手，李騰56公斤級，馬超60公斤級，趙光勇65公斤級，徐延飛70公斤級全部獲勝奪冠。亞運會的武術比賽分設套路項目：男女子長拳全能（包括長拳、刀術和棍術）、太極拳全能（太極拳和太極劍）、南拳全能（南拳、南刀、南棍），散打項目：48公斤級、52公斤級、56公斤級、60公斤級、65公斤級和70公斤級6個級別的比賽，中國隊參加了除48公斤級、52公斤級兩個級別以外的其他4個級別的散打比賽。

2007年11月11日，第九屆世界武術錦標賽，在北京國家奧林匹克體育中心體育館隆重開幕，來自世界各地89個國家和地區的1500名運動員、教練員、裁判員及官員參

加了此次盛會。比賽是由國際武術聯合會主辦、中國武術協會承辦，比賽共設武術套路22個，散手18個級別的40個競賽項目。

中國隊共派出19名國內頂級武術高手，其中武術套路9人（男4名、女5名），武術散手10人（男6名、女4名），參加當今武術界最高級別的賽事。最終中國隊以18枚金牌數高居獎牌榜首位，再一次彰顯了武林霸主的地位。

2008年8月21至24日，經國際奧委會批准，由北京奧組委、國際武術聯合會主辦，中國武術協會承辦的「北京2008武術比賽」在北京奧林匹克體育中心體育館舉行。比賽共設15個項目，套路10枚金牌、散手5枚金牌，有來自世界五大洲43個國家和地區的128名男女運動員參加比賽。

中國武術男子套路運動員袁曉超、趙慶建、吳雅楠，女子套路運動員馬靈娟、林凡、崔文娟，男子散打運動員張帥可，女子散打運動員秦力子，分別參加了男子長拳、男子刀術棍術全能、男子太極拳太極劍全能、女子槍術劍術全能、女子南拳南刀全能、女子太極拳太極劍全能、男子散手56公斤級、女子散手52公斤級8個項目的比賽。最終中國隊獲8金，以絕對優勢列金牌榜首位，俄羅斯和中國香港隊分別以2金3銀和2金1銀1銅分列第二、三位。

2009年10月24日至29日，在加拿大多倫多舉行第十屆世界武術錦標賽，中國武術隊10名散打選手參加了10個項目的比賽，共獲得了8枚金牌。在散打比賽中，女子52公斤級、56公斤級、60公斤級、70公斤級項目均獲金牌。男子52公斤級、56公斤級、60公斤級和90公斤級以上也分別奪冠。此次比賽，中國隊遭遇了多年來難得一見

的挑戰，最大的壓力來自於伊朗、埃及和俄羅斯的選手，他們共斬獲了6枚金牌。

他們強勁的實力已經撼動了中國散打隊長期以來的霸主地位，究其原因，一是多年的苦修使他們在技術上日趨成熟，二是國外選手體能優勢明顯，更適合散打項目，三是中國頂級的散打教練援外傳藝，形成與中國選手的對抗是水到渠成的事情。正如中國領隊所言，中國散打選手日後會遭到國外選手更大的挑戰。

2010年8月29日，北京首屆世界武搏運動會武術散打比賽在奧體中心體育館落幕，此次散打比賽共設5個級別，中國運動員參加了其中4個級別的比賽，經過頑強的拼搏，鄂美蝶獲得了女子52公斤級金牌、王貴賢獲得了女子60公斤級金牌、李海明獲得了男子56公斤級金牌、許佳恒獲得了男子85公斤級金牌，圓滿完成了本次比賽任務，充分展示了中國運動員的精湛技藝和良好的精神風貌，再一次證明了中國散打隊雄厚的實力。

2010年11月13至17日，第十六屆廣州亞運會武術比賽在南沙體育館進行，共產生了15枚金牌。中國隊派出10人參加10個項目的爭奪。其中，5人參加套路項目的比賽，5人參加散打項目的比賽，最終獲得9金1銅。

在參賽的32個國家和地區中，有17個斬獲亞運會武術獎牌。儘管中國武術的「江湖老大」地位仍未撼動，但可以看到，武術在亞洲各地都獲得了不俗的推廣和發展。特別是在男子75公斤級散打半決賽中，中國運動員姜春鵬輸給伊朗國手，最後的金牌旁落他人。這也是廣州亞運會上唯一的有中國武術選手參加卻未獲金牌的項目。雖然姜

春鵬意外失手，但男子56公斤級的李新傑、65公斤級的張軍勇和70公斤級的張勇都將金牌收入囊中。本屆亞運會，還首次將女子散打作為正式比賽項目，中國女將鄂美蝶贏得了亞運歷史上首枚女子散打的金牌。

本屆亞運會，中國武協原本可以報名13個項目的爭奪，但為了鼓勵其他國家的運動員參賽，中國隊最終只參加了15個項目中的10個。放棄部分項目的爭奪，儘管會讓中國隊在金牌總數上有所缺失，但從武術項目長遠的發展來看，卻是非常值得的。與柔道、跆拳道等運動相比，武術在世界範圍的推廣和發揚還遠遠不夠。武術走向奧運，任重而道遠。

中國武術管理中心主任高小軍認為，武術的發展一定要建立在為人類提供健康、快樂生活方式的基礎上，要融入生活。因為武術不僅是一項運動，更要給人的精神、文化、修養等各方面帶來好處。因此，武術不能將進奧運會作為唯一的目標，只要透過大力的宣傳和推廣，當世界充分瞭解了武術的魅力和益處時，進奧運便是水到渠成的事。

2010年12月18日，由國家體育總局武術運動管理中心和世界泰拳聯盟主辦，順德區文體旅遊局等單位承辦了2010年中國武術散打對職業泰拳爭霸賽，最終中方以3：2險勝泰方。

此次，比賽規則是雙方經過溝通後確定的，較以往更趨於公平合理，然而一場比賽，兩名中方選手被擊倒，中國隊總教練劉海科多少有點出乎預料，賽後，拋出了回去要好好研究泰拳戰術的感言！

2010年12月16日至18日，為期3天的第五屆武術散

打世界盃比賽在中國重慶渝北區體育館落下帷幕。比賽由國際武術聯合會、國家體育總局武術運動管理中心和中國武術協會主辦，重慶體育局和重慶市渝北區人民政府共同承辦。來自中國、俄羅斯、伊朗、巴西、菲律賓、中國澳門等21個國家和地區的63名男女武林高手參加了角逐。本屆比賽共設女子7個級別和男子11個級別，中國隊10人出戰共有9人斬獲參賽項目的金牌，金牌總數位居金牌榜第一。中國隊總教練於萬嶺對中國選手的表現表示滿意，但也指出，國外選手水準上升很快，特別是伊朗、埃及、越南等國家的選手，已經對中國選手構成了威脅。世界盃武術散打比賽是世界範圍內水準最高、規格最高的武術散打單項世界盃賽。

目前，武術在國際上的發展勢頭喜人，國際武聯會員國已達到141個。

二、散打的特點與作用

1. 散打的特點

（1）崇尚武德

古語云「文以評心，武以觀德」，拳語云「未習藝，先修德」，這些都強調了習武之人要講究武德。那何為武德呢？簡單地講，武德就是習武之人應具備的道德。古代武德講究仁、義、禮、智、信、勇；而現代武德則講究樹立理想、為國爭光、遵紀守法、寬厚謙讓、誠實守信、見義勇為、遵師愛生、文明有禮等內容，散打隊員無論在日常生活還是訓練比賽中，都要體現出良好的武德風尚。從

現行的散打規則看，有許多武德行為規範內容，如互行抱拳禮、遵守規則、尊重和服從裁判，不準攻擊後腦、襠部等，同時，提倡比賽鬥技，不可喪德、失志，不許暗算和故意傷害對手的武德精神。

（2）對抗激烈

散打比賽雙方隊員拳來腳往，遒勁有力，快速多變，摔跌交織，攻守互動，瞬間轉換，始終處在制約與反制約、限制與反限制的激烈對抗中。

（3）技法獨特

散打技法豐富，其中既有手法、腿法，又有摔法，並在實戰中講究「遠踢近打貼身摔」，特別是「貼身快摔」，堪稱是民族特色技藝。「接腿快摔」「破拳快摔」更是精妙絕倫，體現出技法整體的綜合性、多變的隨機性和實用的優越性。

（4）智勇雙鬥

智勇雙鬥既是散打的核心特點，又是參賽隊員必備的素質。正所謂「兩強相鬥，智者勝」。智者可達到智謀百生、逢強智取、遇弱活擒的境界，揚己之長，克彼之短，最終獲得勝利。散打隊員要具備勇者無敵、捨我其誰的大無畏精神，展現出永不言敗的武者風采。

（5）兼蓄文化

散打既是中華武術之精粹，又是傳統文化的載體之一。中國傳統文化中的哲學、醫學、美學、兵學、養生學、民俗學等眾多內容，都對武術散打產生了不同程度的影響，同時也起到了至關重要的作用。比如，散打比賽採用了中國傳統的擂臺方式進行比賽，三局兩勝制就是沿襲

了中國古代民間打擂的風俗習慣；運用漢語作為裁判規則用語等。習武目的絕非是為了逞強鬥狠，而是追求「內外兼修，天人合一」。

2. 散打的作用

（1）強身健體

身體健康是人的基礎，沒有健康就無從談起學習、工作乃至事業。散打是一種全身上下、內外兼修的運動，透過科學地練習，可以增強人體各大系統組織功能，提高人體速度、力量、靈敏、耐力、柔韌等素質，同時練習者還能獲得健美的身材，給人以健康、強壯的美感。

（2）防身自衛

因散打具有的特質——技擊性，無論是攻擊能力還是防禦能力都是其他運動項目無法比擬的。當自身合法權益及生命財產受到不法歹徒或犯罪分子侵害時，運用散打進行防身自衛，便會游刃有餘，盡顯英雄本色。

（3）歷練品質

如練功要克服身體疼痛關，練實戰要克服心理恐懼、軟弱關，面對強手要克服畏懼、放棄關。透過學練散打，可以培養出果敢自信、敢於直面失敗與挫折，頑強拼搏、積極進取的優秀品質。

（4）娛樂生活

散打有很強的娛樂性，包括自娛和他娛。當自身投入了散打運動，做出各類極具美感的招式，或在擂臺戰勝對手時，其內心會充滿無限快意和興奮感。而散打比賽展示在大眾面前，也極大地豐富了人民群眾的生活。

（5）開啟智慧

散打蘊藏著精深的技理和絕妙的技法，其中包含著各門學科的知識，如訓練學、運動醫學、力學、心理學、營養學等。透過學練散打，可逐步領悟其中的含義，對開啟心智非常有益。

（6）求職就業

如今，散打發展異常火爆，國內外對散打人才的需求日益增多。透過練習散打而求職就業已成為當今的一大亮點，有的成為當紅的武打明星，有的進入了各個運動隊任專業隊員，還有許多學練者先後在各大武術館校及國外武術機構任教等，大大拓寬了就業管道。

（7）調整心態

身處當今社會，來自工作、生活、學習等方面的壓力很大，很多人都處於亞健康狀態，經常被憂愁、焦慮、苦悶、悲傷等情緒所困擾。實踐證明，練習散打可以調節人們的不良心態，增加自信心，樹立良好的人生觀。

（8）增進友誼

散打源於中國，屬於世界。透過以武會友和比賽交流，可共同提高和發展散打運動，使更多的外國人瞭解中國散打，瞭解中國文化，以增進友誼，促進國際間的文化交流。

第二節　優秀散打教練員應具備哪些素質

散打教練素質的高低，直接影響著對散打人才的培養和競技水準的提高，沒有優秀的教練，就不可能培養出一

流的散打高手。

那麼，當代優秀散打教練應具備哪些素質呢？

一、要有強烈的事業心

散打教練的工作是一項具有挑戰性的工作，強烈的事業心是教練員首要具備的素質。知識改變命運，態度決定成敗。散打教練唯有強烈的事業心、責任感，才能激發出自身的潛能，全身心地投入到本職工作中去，幹出一番大事業。

二、要樹立自身的人格魅力

教練要從自身言行的點滴做起。不論是政治思想還是武德修養、愛崗敬業等方面，都要以身作則，為人師表，對於制定的一切規章制度，要求隊員做到的，必須自己先做到，這樣才能體現出榜樣的力量和身教重於言教的良好效果，從而樹立自身的人格魅力。決不能作如喝酒、吸菸、賭博、迷色、泡吧等一些不良行為的表率或先行者。教練如果沒有良好的人格魅力，統領全隊的工作便無從談起。

三、要擁有過硬的工作能力

散打運動包羅眾多學科知識，所以需要教練深入細緻地學習、研究和總結，以把握散打制勝規律，進而才能正確地指導隊員訓練。在學習上，教練不僅要自身堅持學習，而且還應引導所有隊員建立學習興趣，培養學習習慣，如引導隊員寫訓練日記，寫觀摩比賽心得，幫助隊員分析他們在比賽中的優缺點等，這樣做對隊員的健康成長都十分有益。

在訓練中，要明確目標，建立一個良好的訓練動機。根據不同的訓練內容和對象選擇不同的訓練方法，充分調動所有隊員的積極性，激發出教與練互動的效果。安排運動量要科學有序，不要出現因運動量大而傷損、運動量小而無用的訓練情況。

在技術上，訓練時要抓好基本技術與功力訓練的結合、條件實戰與實戰訓練的結合、特色技法與合理戰術的結合、個性與技術類型的結合等，使隊員的技術呈穩定上升趨勢，直至力求達到精妙的境界。

散打比賽的局間指導，也是衡量教練是否優秀的一個方面。因局間休息短暫，教練應在1分鐘的休息時間內，除了對隊員進行按摩放鬆之外，更主要的是還要用簡短精煉的語言提示、告誡、鼓勵隊員，力戒責備、謾罵隊員。

四、要有良好的管理能力

常言道「三分靠訓練，七分靠管理」。教練管理能力的優劣直接決定著一支隊伍的成敗。教練與隊員是一種管理與被管理的關係，教練通常稱為指導，不僅僅是體現在對隊員傳授散打技術、技能的方面，而且還要在理想、信仰、個人生活等諸多方面進行關心指導。不能用獎金刺激的管理方式或簡單粗暴的高壓管理方式，因為這些方式往往收效甚微。

優秀的教練，應該運用人性化的管理模式，使教練與隊員彼此關係和諧有序，建立在感情交流的基礎上，以體現出「雙知共進」的特色。

教練的管理是一種行為過程，在整個過程中，既要有

制度的約束力，又要有人性的引導力，只有將這兩者有機融合，才會產生出好的效果。這是教練管理素質高低的體現，也是管理藝術價值之所在。

五、要有承受挫折的能力

眾所周知，散打競技比賽是非常殘酷的，要想成為一名優秀的散打教練，就要保持「勝不足喜，敗亦無妨」的心態，要辯證地對待勝利與失敗，在得失中吸取經驗和教訓，並不斷完善和提高技術、戰術、智能、心理等方面的教學水準。面對挫折和失敗，更要體現出百折不撓、永不言敗的精神。

六、要有調整隊員心態的能力

所有隊員在散打學練和比賽過程中，都會產生很多心理活動，比如怕輸、畏懼、緊張、急躁、盲目自信等不良心態。當隊員出現上述情形時，教練應適時、適宜地選擇運用鼓勵法、轉移法、靜思法、辯證法等，對隊員進行心理調控，使之以良好的心態投入訓練和比賽。

七、要有熟知和運用散打競賽規則的能力

規則是競賽的硬性條文，一旦確立，任何人都不能隨意改變和違反，否則會受到規則的處罰。教練要對現行規則有清晰的認識和準確的把握，並指導隊員如何合理地運用規則進行比賽，不要讓隊員輸在規則上，這也是判定教練是否優秀的一個方面。

八、要有創新能力

教練在實踐工作中，要善於發現問題，並善於總結問題，還要敢於大膽地提出新觀點、新技術，要有與時俱進、開拓創新的精神。任何事情都不是一成不變的，只有創新才能擁有最強壯的生命力，才能立足於不敗之地。

第三節　學練散打妙語一點通

（1）成功在於努力。

（2）熱愛是最好的老師。

（3）命運由自己開創。

（4）天下大事必成於細，天下難事必成於易。

（5）失敗乃成功之母。

（6）業精於勤，荒於嬉。

（7）目標愈高，進步愈大。

（8）悟者大成，智者不惑。

（9）有堅強的自信，才能成就神奇的事業。

（10）吃得苦中苦，方為人上人。

（11）武術天才，即是具有毅力的人、勤奮的人、入迷的人和忘我的人。

（12）成功越大，困難越多。

（13）人貴有志，學貴有恆。

（14）成功阻擋不了努力。

（15）善武者忘拳，善泳者忘水。

（16）高手無速成，唯有苦中求。

（17）敗莫大於不自知。

（18）奇蹟多在堅持中完成。

（19）真英雄不言敗。

（20）心存勝負，對戰必亂。

（21）智達高遠。

（22）武術之覺悟，覺是一個瞬間，悟是一個過程。

（23）偉大是熬出來的。

（24）自古英雄多磨難。

（25）最大的勝利是戰勝自己。

（26）天道酬勤。

（27）輸不丟人，怕才丟人。

（28）真功無奇。

（29）面對失敗也是一種強大。

（30）做一個最好的自己，誰都能成功。

第四節　散打膽力

一、何為膽力

膽力，又稱膽、膽量、膽識，是散打比賽中必備的品質之一。關於膽，古今不乏精彩的表述，如「一膽二力三功夫」「對敵若無膽向先，空有眼明手便」「藝高人膽大，膽大藝更高」「有膽克敵易，無膽難施技」「有膽勝無膽，膽大打膽小」「無膽，武不高」等。那麼，究竟什麼是

膽呢？膽是指人的勇敢無畏、自信果斷、淡定頑強的意志品質，是一種從心理上戰勝自己，從氣勢上戰勝對手的能力。

在散打實戰或比賽中，有膽與無膽往往是勝負成敗的關鍵因素，無膽者常會表現出心慌意亂、手足無措、心跳加快、手軟心顫、頭腦空白，以至於出招無力，攻防毫無章法，且屢戰屢敗。而有膽者則表現出敢打敢拼、從容鎮定、無所畏懼、目光犀利、頭腦冷靜、比賽慾望強烈的特點，且抱有必勝的信心，能「逢強智取，遇弱活擒」，從而制勝對手。

二、膽力訓練法

1. 站樁壯膽法

練習者可選用各種站立樁功，如高位樁、中位樁和低位樁進行訓練，應做到平息靜心，然後透過意想與虎豹豺狼、潑婦惡漢、毒蛇猛獸、兇惡暴徒等對手搏打廝殺，使自己變成「無物能擋，無堅不摧」的實戰高手。

2. 環境壯膽法

練習者自己選擇一個恐怖的場所去練功，比如墳地或經常發生兇殺事件的場所等。形意拳巨擘郭雲深先生當年就喜歡在夜深人靜的時候去墳地練功。以此達到身心平衡、無所畏懼的境界。

切記：此方法在初學者中不宜提倡，應該待其練功有了一定基礎後，再去體驗，否則不僅欲速而不達，還會損害練習者的身心健康，得不償失。

3. 模擬實戰壯膽法

即從兩人間或多人間的模擬實戰訓練開始，再到有規則的實戰格鬥，然後到生活中無限制的真刀實槍地對搏，之後方可逐步走上「藝高人膽大」之境界。實戰講求「滅四相」，即「無我相，無人相，無眾生相，無壽者相」，如此無畏膽大、超脫，才會捨我其誰。

4. 氣勢壯膽法

此法是透過眼神、體態及步法來體現膽大氣盛。俗話說「眼是心中之苗」，一個人的膽力往往能從其眼神中流露出來，眼瞼上挑，目光集中，直射對方，再加上步法一往無前，身體前傾，往往能給對方的心理帶來極大的震撼，讓對手感覺到我們身上的一種百戰無懼的氣勢。拳語云「神疲則氣餒，神旺則氣足，氣足則勇，氣餒則怯，怯者無膽，膽失技亡」。

5. 暗示壯膽法

透過自我控制，有意識地讓自己膽量提升。在搏擊中，暗示自己是頂級的散打高手，每戰必能取勝。當自己出招擊打對方奏效後，也應暗示自己「一鼓作氣，擊倒對方」，這種暗示會影響到擊打動作的質量和效力，收到事半功倍的效果。

6. 利益壯膽法

俗話說，重獎之下必有勇夫。在名與利兩個方面如能

得到重賞，自然會增加參賽者的膽力，所以，透過提升可獲得利益的砝碼，也不失為一個增加膽量的好方法。

7. 意念練膽法

練習者選擇各種坐勢，如單盤腿坐、雙盤腿坐和雙腿跪坐等姿勢進行靜坐練習，達到超乎常人的「定力」，然後由默想「自己是世界上最優秀的散打高手」「我能戰勝任何強悍的對手」等，以此來培養自己的自信心，並強化膽力。

8. 實戰練膽法

實戰練習是提高膽力最直接、最有效的方法。實戰時，要心懷必勝的信念與對手對決，不僅要有「必死則生，幸生則死」的境界，「一人捨命，十人難擋」的氣魄，「舉手不留情，當場不讓步」的兇狠，「打不著不打，打不中不打，打不狠不打」的準度，還要有「視人如蒿草，打人如走路」的氣勢，以及把自己比作是「最有實力的冠軍人物」的心理。當然，實戰訓練也要講究科學性，要循序漸進，對於初次練習實戰的隊員，應選配與其功力水準相近者來進行實戰，否則很容易因雙方實力懸殊造成弱者一方心理恐懼。在實戰水準提高後，再與不同技術風格特點、不同體態身形的選手進行實戰練習，以此來逐步提高練習者的應變能力和膽力。

9. 訓練練膽法

為了提高練習者的膽力，武林界自古就有很多奇妙的

訓練方法，如在人煙稀少的深山樹林裏練功，在懸崖峭壁上練功，培養練習者「目無所視，耳無所聞」，做到專心致志和無所畏懼。

10. 生活練膽法

在日常生活中，要主動做一些自己不敢做或不願意做的事情，如與陌生人交談；拒絕別人不合理的要求；用行動維護自身的合法權益；夜間一個人行走；從高處往下看等，以此來進行自身膽力的培養。

正如一句名言所講「面對恐懼和膽怯的事，只要你強制自己連續做過三次，一定會適應自如」，這也正是「少見多怪，多見不怪」的道理，膽力的培養同樣也遵循不適應——部分適應——完全適應這一訓練過程。

11. 發聲練膽法

在開闊地帶，練習者先調息數次，然後用鼻子吸氣，用嘴呼氣發聲吐字進行膽力訓練，喊出的字可選哈、嘿、呀、打等，喊時要心存一念，堅信自己能百戰百勝。發出的聲音要在曠野裏回蕩，使人聽了有畏懼感。

三、修煉膽力滇知

（1）在散打訓練中，唯以膽力訓練為最難，且也是容易被忽視的一個問題。其實在實戰中，沒有膽量是很難取得最終勝利的。所以，選手們在實戰中無不以膽力當先，這樣才能發揮出正常的散打水準。

（2）在日常生活中，膽力的作用無處不在。一個人

在危急的情況下，可搬起他從未搬起過的重物；一個人在被逼無奈之時，可以做出他平時不敢做的任何事情。

（3）膽力是有大小區別的，有的人天生心地善良，膽小怕事；而有的人頑劣成性，桀驁不馴，膽大妄為，兇惡無比。

（4）練習散打的目的是制人而不是受制於人。可現實中散打冠軍被街頭小流氓打得頭破血流之事司空見慣，究其原因就是缺乏一個「膽」字！那些歹徒生性兇殘，如兇神惡煞，出手狠毒，打鬥時全然不計後果，只有一個「膽」字當先。

（5）訓練膽量必須要在特定的環境條件下和真正的實戰拼殺中才能得到磨鍊，時日一久便會在真打實戰中「成長」起來，那些諸如心驚膽顫、心慌忘技、膽小如鼠的情形就會離你遠去！

（6）面對沙袋或木人樁時，將其視為一個個青面獠牙的殺人惡魔，想像著你與他們有著不共戴天的殺父之仇，他們的眼裏閃著猛獸般的凶光，隨時都會撲過來要你的性命！此時的你想躲也躲不掉，既然躲不掉還不如拼了！一個人一旦將生死置之度外，就會無所猶豫和顧忌，那麼，最後的勝利就一定屬於你了！

（7）不管遇到的對手是多麼高大健壯，多麼兇狠嚇人，都不要產生恐懼感，要在心理上提醒告誡自己，一定要鎮定，要把對手看做是一個不堪一擊的傢伙，或將其視為自己的仇人，這時就有了豁出去拼了的膽力。

（8）實戰時，不能因一時的被動局面就產生膽怯心理，這樣做會喪失與敵搏鬥的勇氣和信心。要拋棄心中所

有的雜念，全力以赴，以不怕死的精神和打不敗對手絕不罷休的毅力去搏鬥，相信勝利最終會屬於自己。

（9）技法精湛、功力深厚也是提高膽力的一個重要手段，正如「藝高人膽大」。武術入門應先練膽量，正如「一膽勝十法」「渾身若有一身膽，克敵對戰霸氣射」。若沒有膽量，功夫再高也無法發揮，只會臨陣恐懼，不戰而敗。

（10）為了自衛，為了正義，當面對歹徒時，要視死如歸，義無反顧，不能存有絲毫的怯意。不能怕打不過對方而吃虧，更不要為賠償藥費而有所顧慮。

（11）特別需要說明的是，與隊友進行比武時，我們的動機必須是純化的，不能有任何不良目的。若動機不純，不論其強度如何，都會脫離武術的宗旨，必然會走向邪惡。當具有一定的實戰能力後，可經常找隊友進行技擊交流，也可在有條件的前提下參加擂臺比賽，雖然這種交流與比賽有別於實戰，但它畢竟能為實戰提供借鑒性經驗，有了足夠的經驗，才能藝高人膽大。

（12）實戰中，要克服過度緊張的情緒。適度的緊張可以調動肢體的機能，但過度的緊張則會不利於技術的發揮。緊張狀態反應包括生理反應、行為反應和認識反應。如血壓升高、心跳加快、肌肉發硬、運動能力下降、注意力分散等。出現過度緊張情緒後，可有意識地放鬆身體，也可以做深呼吸進行調整，使身體保持面不紅、膽不顫的最佳應戰狀態。

（13）膽量培養可從勤修武德入手。俗話說邪不壓正，所為正事，理直氣壯，膽量自然就大；要加強功力的

修煉，功力越深厚，取勝的把握就越大，膽也就越壯；還要加強靜功的修煉，對調心靜氣凝神有重要作用，遇招不慌亂；還要熟知對手來拳來腳的招式，能見招打招，其膽力自然就大了。

（14）透過技戰術的成功率增強膽力。主要體現在戰術運用正確，技法擊中率高，每當擊中對手後，都會對心理產生良好的影響，信心增強了，膽力自然就增加了。

（15）做腹式呼吸，使呼吸深、長、勻、細，使之逐漸遍佈全身，當出現呼吸緊張、短促、吃力時，經常做有節奏的深呼吸，能鎮定情緒，增加膽力。

（16）讓同伴模擬不同對手，並與之較量進行模擬實戰訓練。賽前一定要少做激烈的實戰練習，以免遭受重擊或造成傷害事故。因為每遭受一次重擊就會對心理造成一次打擊，這樣直接會使膽力下降。

（17）膽量就是不怕危險的精神和勇氣。丟失了膽量就丟失了武術技擊的靈魂。心理學告訴我們：人通常在面對危險時的本能反應有兩種，一種是化險為夷，一種是消極避險。如果沒有膽量面對打擊，選擇消極逃避或一擊便潰，那就只能以敗北而告終。保持自身鎮定，思變靈活，只有膽量過人的人才能做得到。一身是膽也可以威懾敵膽，甚至達到不戰而勝的效果，正所謂「用膽殺人」！

（18）有識無膽是懦夫，有膽無識是莽夫。膽力，並不是一種不要命的蠻氣，而是經過訓練後調養的浩然正氣。習武先修德，練武先練膽。膽不生，技難用。只有胸藏浩然氣，才能心揣英雄膽。

（19）膽力是促進技術提高的基礎，而膽力又依仗於

高水平的技擊技術。散打是鬥技、鬥力、鬥智、鬥勇的過程。對於一個散打隊員來說，紮實的基本功與嫻熟的技術，是構建起堅強自信和膽力的基礎。

（20）散打隊員喪失膽力的原因有幾個：一是自己實力不強大；二是被對手的假象所迷惑；三是曾被打敗過，從而產生了膽怯心理。

第五節　散打攻擊目標點撥

在散打比賽中，打什麼部位，往哪裏打，都是有講究的。因為人體的不同部位所承載的抗擊打能力不同，比如擊打胸部的胸大肌與擊打頭部的面門用同樣的打擊力，其打擊效果卻截然不同，所以練習者掌握和熟知散打進攻部位是十分必要的。這樣才能在散打比賽中做到有的放矢，以達到事半功倍的奇效。

散打攻擊目標必須符合以下要點：

第一，散打比賽規則中允許擊打的部位。

第二，能夠產生出良好的得分效果或制傷效果的部位。

大家知道，人體周身可劃分為「上盤」（頭、頸等部位）、「中盤」（胸、背、腹、腰、肋等部位）和「下盤」（襠、腳等部位）。在「三盤」之中，又有以下主要攻擊部位：

一、頭部

頭部是指揮人體技術、戰術的司令部，由顱與面兩部

分組成，有鼻子、眼睛、耳門穴、下頜骨等要害，以及顱腔內的大腦、小腦等重要神經中樞。重擊可以出現劇痛、眩暈、視覺模糊等症狀，甚至還會休克或死亡。

二、頸 部

頸部中間有氣管，是食管和呼吸的器官，兩側有靜動脈和血管，是人體供給大腦血液的唯一通道，重擊或掐鎖頸部，可出現呼吸困難、休克，甚至死亡。

三、胸 部

胸腔有心臟、肺部等重要器官，以及鎖骨、心窩等要害。胸部受到重擊或砸壓時，會出現心肺損傷，使其失去正常的生理功能以及鎖骨骨折、心窩閉氣，甚至昏迷。

四、背 部

背部的攻擊部位多在心俞穴，心俞穴又稱後心，位於人體後背部第5胸椎至第9胸椎之間，此處沒有較厚的保護層，若受到重擊可以刺激心臟，使人喪失對戰能力。

五、腹 部

腹腔內有肝、脾、胃、腎和膀胱等器官，同時腹腔的神經十分豐富，若受到重擊會出現劇烈疼痛、噁心、嘔吐甚至昏迷等症狀，當內臟出血時，還會造成生命危險。

六、腰 部

腰部是保護身體姿態及傳導動作發力的重要部位，若

受到重擊會出現腰椎、腎臟損傷，使其失去正常的功能。

七、肋骨

肋部左右共有12對肋骨，對稱排列，左側是心區，從生理解剖學來講，第5至第8肋彎曲度最大，最易發生骨折。若重擊兩肋，極易造成肋骨向內骨折，致使心臟、肝臟損傷，導致大量出血而死亡。

八、襠部

襠部為生殖器官，神經十分豐富，重擊會出現劇烈疼痛，甚至睾丸、膀胱破裂，導致休克或死亡。

九、關節

人體周身共有各種關節130多個，其中主要有頸關節、肩關節、肘關節、腕關節、髖關節、膝關節、踝關節等，通過擊打、鎖擰、扛別等技法，可造成關節脫臼、韌帶損傷、肌肉撕裂或骨折等。

十、腳部

雙腳雖然沒有重要器官，但它起著支撐身體、移動步法的重要作用，是散打比賽中不可忽視的進攻部位。若重踩腳骨能造成疼痛難忍、移步不靈；狠踢左右支撐腳，能破壞對手的平衡，使之倒地，造成其失分和受傷。

中國武術段位制

第一章 總 則

第一條 為增強人民體質，推動武術運動的發展，提高武術技術和理論水準，建立規範的武術鍛鍊體系和技術等級評價標準，特制定中國武術段位制（以下簡稱段位制）。

第二條 段位制是一種根據個人從事武術鍛鍊和武術活動的年限，掌握武術技術和理論水準、研究成果、武德修養，以及對武術發展所做出的貢獻，全面評價習武者武術水準等級的制度。

第二章 段 位 等 級

第三條 武術段位制設晉級和晉段兩部分

（一）段前級：由低至高依次設置為：一級、二級、三級

（二）段位：初段位、中段位、高段位，由低至高依次分別設置為：

初段位：一段、二段、三段

中段位：四段、五段、六段

高段位：七段、八段、九段

（三）榮譽段位：榮譽中段位、榮譽高段位，由低至高依次設置分別為：

榮譽中段位：榮譽四段、榮譽五段、榮譽六段

榮譽高段位：榮譽七段、榮譽八段、榮譽九段

第三章　晉級和晉段

第四條　晉級和晉段對象

武術段位適用對象是從事和參與武術運動，自願申請晉級、晉段者。榮譽段位只授予對武術發展做出一定貢獻和重大貢獻者。

第五條　晉級和晉段標準

由中國武術協會審定出版的《中國武術段位制系列教程》（以下簡稱《系列教程》）是武術段位制理論和技術考評的標準。各段級技術考評，每項以10分為滿分。各段理論考評，以100分為滿分。高段位答辯以100分為滿分。

（一）段前級標準

1. 接受武德教育，能正確運用武術禮節。

2. 凡參加武術基礎鍛鍊，基本掌握《系列教程》中的段前級的內容，或相當於段前級內容的武術項目基本動作。

3. 年齡在6周歲以上，可申請晉升1至3級。

4. 獲得一級達半年以上可申請晉升二級，獲得二級達半年以上可申請晉升三級。

（二）初段位標準

1. 一段：凡取得三級資格達 1 年以上，年齡在 11 周歲以上，遵守武德、武術禮儀，準確掌握《系列教程》中任一拳種的一段內容，或相當於《系列教程》一段動作編組成的相應套路；或散打的拳、腿組合空擊，拳法、腿法分別不少於 3 種。技術考評成績達 7 分以上，理論考評成績達 70 分以上，可申請晉升一段。

2. 二段：凡獲得一段達 1 年以上，遵守武德、武術禮儀，準確掌握《系列教程》中任一拳種的二段內容，或相當於《系列教程》二段動作編組成的相應套路；或散打的拳、腿、摔組合空擊，拳法、腿法、摔法分別不少於 3 種。技術考評成績達 7.5 分以上，理論考評成績達 70 分以上，可申請晉升二段。

3. 三段：凡獲得二段達 1 年以上，遵守武德、武術禮儀，準確掌握《系列教程》中任一拳種三段內容的一項拳術和一項器械；或相當於《系列教程》三段動作編組成的相應套路；或散打的拳、腿、摔組合打靶，拳法、腿法、摔法分別不少於 3 種。兩項技術考評成績達 15 分以上，理論考評成績達 70 分以上者，可申請晉升三段。

（三）中段位標準

1. 四段：凡獲得三段達 2 年以上，注重武德修養；在規定的考評中，進行理論考評；熟練掌握《系列教程》中任一拳種的四段內容的一項拳術和一項器械，或相當於《系列教程》四段動作編組成的相應套路；或散打的拳、腿、摔組合打靶和實戰 1 分鐘（拳法、腿法、摔法分別不少於 4 種），在散打比賽中獲得規定錄取名次。兩項技術考評成績達 16 分以上，理論考評成績達 75 分以上者，可

申請晉升四段。

2. 五段：凡獲得四段達2年以上，注重武德修養；在規定的考評中，進行理論考評；熟練掌握《系列教程》中任一拳種的五段內容的一項拳術和一項器械，或相當於《系列教程》五段動作編組成的相應套路；或散打的拳、腿、摔組合打靶和實戰2分鐘（*拳法、腿法、摔法分別不少於4種*），在散打比賽中獲得規定錄取名次。兩項技術考評成績達17分以上，理論考評成績達80分以上者，可申請晉升五段。

3. 六段：凡獲得五段達2年以上，注重武德修養；在規定的考評中，進行理論考評；熟練掌握《系列教程》中任一拳種的六段內容一項拳術和一項器械，或相當於《系列教程》六段動作編組成的相應套路；或散打的拳、腿、摔組合打靶和實戰2分鐘（*拳法、腿法、摔法分別不少於4種*），在散打比賽中獲得規定錄取名次。兩項技術考評成績達18分以上，理論考評成績達85分以上者，可申請晉升六段。

（四）高段位標準

1. 七段：凡獲得六段達6年以上，年齡在45歲以上；系統掌握某拳種的技術體系和理論體系，並取得一定的成就；理論考評和答辯兩項成績達160分以上；在武術工作業績、武術理論研究成果（*公開發表論著*）等方面取得一定成就，且武德優秀者，可申請晉升七段。

2. 八段：凡獲得七段達7年以上，年齡在52歲以上；熟練掌握兩種以上拳種的技術體系和理論體系，並取得較高成就；理論考評和答辯兩項成績達170分以上；在武術

工作業績、武術理論研究成果（公開發表論著）等方面取得突出成就，且武德優秀者，可申請晉升八段。

3. 九段：凡獲得八段8年以上，年齡在60歲以上，精通3種以上拳種的技術體系和理論體系，並取得重大成就；理論考評和答辯兩項成績達180分以上；在武術工作業績、武術理論研究成果（公開發表論著）等方面取得重大成就，並對武術運動的發展做出卓越貢獻，且武德高尚者，可申請晉升九段。

（五）榮譽段位的標準

對武術事業的發展做出突出貢獻的知名人士，可由基層段位考評機構逐級申報，經中國武術協會審核後，授予相應的武術榮譽段位。榮譽段位設榮譽中段位（四、五、六段）和榮譽高段位（七、八、九段）。

（六）獎勵段位的標準

1. 獎勵條件：為武術事業做出突出貢獻，或在武術競賽、武術理論研究中取得突出成績。

2. 獎勵範圍：已獲得一段至七段者，可不受年齡，不受晉段時間限制，獎勵提前晉升1段；但不得進行越段晉升獎勵。無段位者，獎勵在一段至七段間進行套評或套考相應段位，初次套評或套考段位不得超過七段。

3. 獎勵次數：同一受獎者，最多只能享受2次獎勵。

第四章　管理和考評

第六條　中國武術協會是武術段位制管理和考評的最高機構。下設段位制辦公室、考評委員會、監察委員會。負責審批段位等級、監察段位制工作的實施、頒發武術晉

級、晉段證書、徽飾及服裝。

第七條　中國武術協會一級單位會員，可申請成立一級考評機構。經中國武術協會批准並授權，負責段前級、初段位、中段位的培訓、考評等工作。

第八條　一級段位考評機構，可在本地區、本單位內開展段前級和一至六段的培訓、考評工作，負責將本地區的段位考評結果上報中國武協備案，申請發放段位證書及徽飾。

第九條　一級段位考評機構，負責接受並審核高段位申請材料，向中國武協推薦和報送高段位申請材料。

第十條　一級段位考評機構，可申請承辦中國武協主辦的區域性、全國性和國際性武術段位制培訓和考評活動。

第十一條　區域性一級考評機構，負責審核本地區申請設立二級考評機構的單位會員是否符合申報條件，並將符合條件者報送中國武術協會審批。

第十二條　二級段位考評機構，可在本地區內開展段前級和一至三段位的培訓、考評工作，負責將考評認定結果上報一級段位考評機構。

第十三條　各級考評機構下設考評委員會或考評小組，負責段位考評和評定工作。考評成員必須具有符合要求的段位等級和中國武術協會頒發的「中國武術段位制考評員資格證」。

第十四條　獲得中國武術協會頒發的「中國武術段位制考評員資格證」者，在普及《中國武術段位制系列教程》過程中，可根據從習者掌握技術水準的情況，對其學

生予以技術水準認定。其中，具有高段位者可對其學生進行四段以下技術水準的認定，具有中段位者可對其學生進行三段以下技術水準的認定。該認定屬於推薦性認定，必須嚴格按照中國武術段位制有關規定和標準實行，並接受段位考評機構的審核。

第十五條　各級考評機構按照中國武協頒發的《中國武術段位制》文件開展培訓、考評、審核和管理工作。

第五章　申報與考評

第十六條　申請晉級、晉段者，按照考評機構發佈的申報晉級、晉段時間，提交申請書及相應材料。

第十七條　凡舉辦段位考評活動，須提前2個月以上公告考評的時間、地點和相關要求。

第六章　認定與授予

第十八條　各級考評機構在其權限內，對申報晉級、晉段者的考評結果進行認定。並將考評認定結果逐級報送到中國武術協會。

第十九條　中國武術協會對各考評機構報送的考評認定結果進行審批後，授予相應的段位等級並頒發證書和徽飾。

第七章　證書、徽飾與服裝

第二十條　證書、徽飾與服裝由中國武術協會統一設計，指定專門的企業單位制作和發放。徽飾標誌為：

段前級：一級（青色熊貓）；二級（銀色熊貓）；三

級（金色熊貓）

初段位：一段（青鷹）；二段（銀鷹）；三段（金鷹）
中段位：四段（青虎）；五段（銀虎）；六段（金虎）
高段位：七段（青龍）；八段（銀龍）；九段（金龍）

第八章　權　利

第二十一條　獲得武術段位等級者，具有參加中國武術協會主辦或組織的競賽、培訓、科研等活動的資格。

第二十二條　獲得中段位以上者，具有申報相應等級中國武術協會社會武術指導員資格。

第二十三條　獲得中段位以上並獲得「中國武術段位制考評員資格證」者，具有在中國武術段位制中擔任晉段、晉級考評委員，在培訓中擔任段位指導員，在武術學校、武術館和俱樂部中擔任教練員的資格。

第九章　義　務

第二十四條　自覺遵守武術段位制的相關制度，維護武術段位制的聲譽。

第二十五條　熱愛武術事業，積極參與各類武術活動。

第十章　處　罰

第二十六條　獲得武術段位等級者，出現以下情況之一，中國武術協會將根據情節給予警告、通報批評和註銷其段位資格證書等處罰：

1. 用不正當手段獲得證書和更改、偽造證書。

2. 喪失武德，思想品德差，利用段位證招搖撞騙，擾

223

附錄　中國武術段位制

亂社會治安。

3. 其他各種不良行為和違法亂紀行為。

第十一章　其　他

第二十七條　中國武術協會制定的《〈中國武術段位制〉管理辦法》與本制度配套執行。

第二十八條　本制度自發佈之日起施行。解釋權屬中國武術協會。

散打競賽規則、散打裁判法
中國武術散打功夫王爭霸賽競賽規程
請參閱《散打基礎技法精要》

大展好書　好書大展
品嘗好書　冠群可期